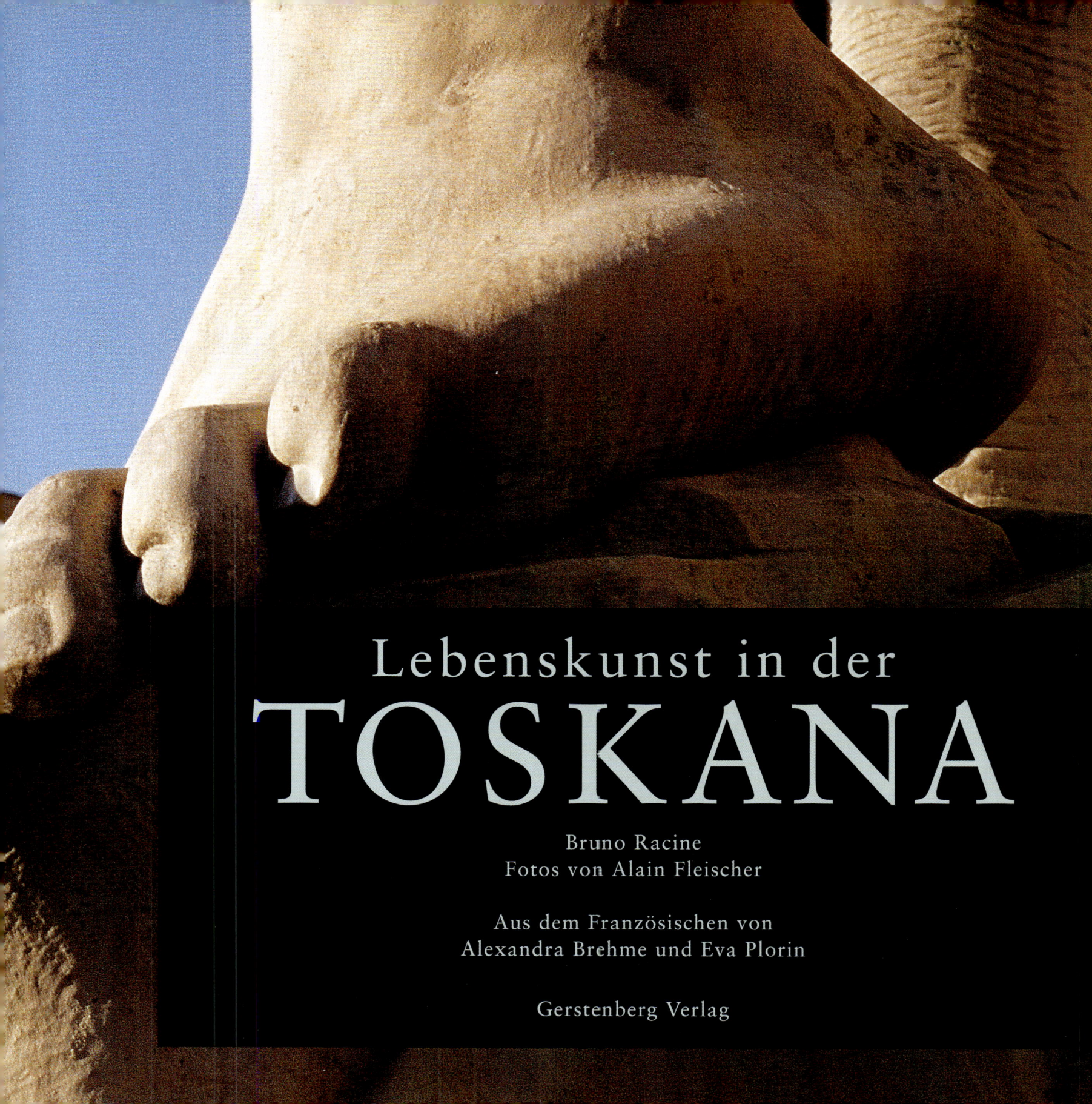

Lebenskunst in der
TOSKANA

Bruno Racine
Fotos von Alain Fleischer

Aus dem Französischen von
Alexandra Brehme und Eva Plorin

Gerstenberg Verlag

Die Deutsche Bibliothek –
CIP-Einheitsaufnahme
Ein Titeldatensatz für diese
Publikation ist bei
Der Deutschen Bibliothek
erhaltlich

Aus dem Französischen
von Alexandra Brehme und
Eva Plorin
Die Originalausgabe erschien
2000 unter dem Titel
L'art de vivre en Toscane
bei Flammarion, Paris.
Text von Bruno Racine
Fotos von Alain Fleischer
Copyright © 2000 Flammarion,
Paris
Konzeption: Ghislaine Bavoillot
Gestaltung: Karen Bowen
Produktion: Murielle Vaux
Litho: Sele Offset

Satz: Fotosatz Ressemann,
Hochstadt
Druck: Canale, Turin
Printed in Italy
ISBN 3-8067-2877-1

INHALT

DIE TOSKANA: EIN PORTRÄT OHNE KLISCHEES

In seinem Reisetagebuch wechselte Montaigne, als er die Grenze der Toskana erreichte, von der französischen zur italienischen Sprache. Er berichtete von einer einfachen Bäuerin, die ihm zu Ehren eine Ode verfasst hatte; als er sie an seinen Tisch bat, erzählte sie ihm, dass ihr Vater sie von klein an mit Poesie aufwachsen ließ.

Heute, im Jahr 2000, schneidet ein Metzger in einem kleinen Dorf im Chianti vor den Kunden sein Fleisch zu, während er mit Tränen in den Augen die Verse der *Göttlichen Komödie* deklamiert. Seit siebenhundert Jahren spiegelt sich der Geist der Toskana in ihrer eleganten, subtilen und vornehmen Sprache wider, die sich letztendlich auf dem gesamten italienischen Stiefel durchsetzte. Der »Garten Italiens«, wie Carlo Goldoni die Toskana nannte, ist gewiss auch die »kultivierteste« Region Europas, seit den Etruskern vom Menschen gestaltet – so sehr, dass man hier geradezu zum Künstler geboren wird.

Ein toskanischer Schreiner erhielt einmal den Auftrag, eine rechteckige Tischplatte anzufertigen, die mit gedrechselten Beinen kombiniert werden sollte. Er wusste sich angesichts eines derartigen Affronts gegen den guten Geschmack nicht anders zu helfen, als seiner Inspiration zu folgen: »Mi è venuto circolare«, lautete seine hilflose Entschuldigung – »die Platte ist mir rund aus den Händen gekommen«. Die Prägnanz der Kunst ist ein Wesenszug der Toskana; eine Kunst mit Liebe zu den Materialien, visuell und plastisch, während die Sprache von Musik geprägt wird. Beim Blick auf das Gewölbe eines Bauernhauses oder eine ziselierte Medaille des Quattrocento wird deutlich, dass in dieser Gegend die Grenzen zwischen Künstler und Kunsthandwerker nur schwer zu ziehen sind.

Die Toskana ist das beliebteste Reiseziel Italiens, und so prägen zahlreiche Klischees unser Bild, während wir in einem regnerischen

Seite 1: Michelangelos *David* wirft seinen Schatten auf die steinerne Fassade des Palazzo della Signoria in Florenz.

Seiten 2 und 3: Eine der Statuen der *Vier Jahreszeiten* am Ponte Santa Trinità. Das Wahrzeichen von Florenz, die Kuppel des Doms, ragt aus den engen Sträßchen des historischen Stadtkerns hervor.

Seiten 4 und 5: Ein Vorhang umrahmt die Ehrentreppe des Palazzo Corsini. Trotz der Touristenströme hat sich die toskanische Hauptstadt ein privates Gesicht bewahrt.

Links: In Großbuchstaben ziert dieses Bauernhaus in der Maremma der Vorname des Mannes, der im 19. Jahrhundert diesen Küstenstreifen urbar machte: Alberto della Gherardesca.

Oben: Ein reizender Brunnen vor einer ockergelben Mauer in Siena.

Rechte Seite: Über dem mittelalterlichen Borgo San Jacopo bricht zaghaft die Sonne durch die Wolkendecke.

Land unseren Gewohnheiten nachgehen: einzelne Zypressen auf einem Hügelrücken, die Läden auf dem Ponte Vecchio, ein Glas Chianti unter einer Laube …

Diese Bilder werden der Toskana durchaus gerecht, doch man sollte auch ihr anderes Gesicht kennen, das einer Region, die Einheit und Vielfalt gleichermaßen repräsentiert. Jahrhundertelang war das nur 250 mal 100 Kilometer große Territorium Schauplatz grausamer Schlachten: Lucca und Florenz gegen Pisa, Florenz gegen Siena, und innerhalb der einzelnen Städte lieferten sich Feudaladel und Bürgertum, Fürsten und Volk, Guelfen und Ghibellinen Machtkämpfe bis aufs Blut, wodurch nebenbei – man denke an den Machiavellismus – so ziemlich alle vorstellbaren Regierungsformen erfunden wurden.

Wenn auch die Herrschaft der Großherzöge Frieden einkehren ließ und in Florenz Ironie und Scharfzüngigkeit schon lange Dolch und Gift ersetzt haben, so wird doch jeder, der einmal dem *calcio storico* – einer Art mittelalterlichem Fußballturnier, bei dem die Spieler blutig vom Feld gehen – oder dem frenetischen Wettstreit des Palio in Siena beigewohnt hat, einsehen, dass die Toskana ein Land voll Leidenschaft und unterschwelliger Gewalt ist. »Hinter diesem sanftmütig weiblichen Namen verbirgt sich die Seele eines Condottiere«, eines Heerführers – so beschrieb Julien Green Florenz.

Trotz der tiefgreifenden Veränderungen seit dem Zweiten Weltkrieg, trotz der wachsenden Touristenströme, die mancherorts die Toskana zu überfluten drohen, hat die Region ihre Traditionen davor bewahrt, zu bloßer Folklore zu verkommen – eine Gefahr, die gerade bei schillernden Veranstaltungen wie dem Palio gegeben war. Man kann sagen, dass das toskanische Leben heute zwei sehr unterschiedliche Gesichter hat: Einerseits das vordergründige, kommerzielle Bild, das dem Fremden geboten wird, andererseits eine sich direkt dahinter verbergende Welt, die von jeher den Toskanern vorbehalten bleibt. Seit dem Mittelalter begannen die toskanischen Kaufleute und Bankiers Filialen in ganz Europa zu eröffnen, und im 18. Jahrhundert war ein Aufenthalt in Florenz ein Muss für jeden kultivierten Reisenden. Diesem traditionellen Austausch mit fernen Ländern verdanken wir es, dass Fremde immer freundlich, wenn auch mit einer gewissen Zurückhaltung, empfangen werden – was erklärt, warum sich die Engländer hier sogleich wie zu Hause fühlten.

Links: Die sanften Hügel der sienesischen Landschaft erinnern an Wellen auf dem Meer. Dazwischen durchziehen tiefe Risse die Erde – Spuren der Erosion.

Oben: Die Küstenregion Maremma. Die hohen, vom Wind gekrümmten Pinien suchen im Sand der Dünen nach Halt.

Links: In dem imposanten Palazzo Corsini in Florenz steht diese Büste eines Vorfahren. Die elegante Strenge drückt Stolz aus, ein Charakterzug, den man im übrigen Italien, nicht immer ohne Neid, den Toskanern nachsagt.

Rechte Seite: Der Salon der Damen in der Villa di Geggiano bei Siena öffnet sich auf einen Eingangsbereich mit herrlichen gemalten Dekors aus dem 18. Jahrhundert.

Aber hinter dieser manchmal mit einer Spur Ironie präsentierten Reserviertheit, die als so typisch für die Region gilt, verbirgt sich ein tiefes Zusammengehörigkeitsgefühl.

Am 4. November 1966 trat der Arno über die Ufer und verwüstete Florenz. Und man erinnert sich nur zu gut an die Welle der Solidarität, an die jungen Leute, die zu Tausenden von überall her anreisten, um bei der Rettung der unzähligen Kunstwerke zu helfen. Durch diese Katastrophe wurden sich auch die Florentiner wieder ihrer gemeinsamen Identität und der Einzigartigkeit ihrer Stadt bewusst, die auch der übrigen Welt viel bedeutet.

Im Gegensatz zu Rom oder Neapel hält man in der Toskana nichts von prahlerischer Prachtentfaltung. Die Fassade des Doms in Florenz zeigte bis Ende des 19. Jahrhunderts ein sehr nüchternes Gesicht,

und wahrscheinlich wäre sie überhaupt nie im neugotischen Stil umgestaltet worden, wäre nicht Florenz für kurze Zeit – von 1865 bis 1871 – zur Hauptstadt des italienischen Königreiches geworden. Diese Ablehnung äußeren Prunkes interpretierten Neider gerne als Überheblichkeit. Aber seien wir ehrlich, an Gründen für ein gewisses Überlegenheitsgefühl fehlt es dort wahrlich nicht. Vielleicht ist diese Haltung inzwischen auch nur noch als Schutz dagegen anzusehen, sich in vorübergehenden Modeerscheinungen zu verlieren. Ein Bestreben, dem nur unsere Sympathie gelten kann! Wer sich bemüht, hinter die schlichte Fassade der Toskana zu blicken, der wird auf das reichste belohnt. Dieses Buch ist all denen gewidmet, die die Freundlichkeit hatten, uns auf unserer Reise durch die Toskana zu begleiten, dieser Region mit Geist, Herz und Lebenskunst.

Ganz oben und oben: La Petraia
bei Florenz und die Villa Geggiano bei
Siena zeigen den typischen Charme
der toskanischen Villen.

VON DEN HÜGELN ZU DEN WEINBERGEN

Die Toskana, von Goldoni als der Garten Italiens bezeichnet, ist ein einzigartiges Beispiel für die Harmonie zwischen Mensch und Natur. Von der Jahrtausende alten Geschichte geformt, spiegeln die Landschaften und Städte den Sinn für Schönheit und die Liebe zum Leben wider.

In der Toskana ist das charakteristische Zusammengehörigkeitsgefühl zwischen den Dörfern und den Städten trotz ihrer erstaunlichen Vielseitigkeit nicht verloren gegangen. Selbst Florenz bewahrte sich diese Verbundenheit mit dem sowohl ländlich als auch feudal geprägten Umland. Die toskanische Landschaft hat die unterschiedlichsten Gesichter: Von den rauen Apuanischen Alpen über die fruchtbare Ebene um Lucca, das ursprüngliche Litoral der Maremma, den Hügeln von Volterra und den Wäldern des Mugello bis hin zu den Weinbergen im Chianti-Gebiet bietet sich dem Betrachter eine unendliche Vielfalt. Die folgenden Reisewege erheben keinerlei Anspruch auf Vollständigkeit, denn es gibt wohl niemanden, der sich rühmen kann, die Toskana in all ihren Facetten erkundet zu haben; immer gilt es noch, hier ein abgelegenes mittelalterliches Dorf und dort ein Schlösschen oder eine Kirche inmitten von Weinbergen zu entdecken.

Die Toskana ist zu jeder Jahreszeit reizvoll: Im Winter zeigt sie sich trocken und klar, der Frühling verleiht ihr ein farbenprächtiges Gewand, die Sommersonne bringt die Landschaft trotz der Dürre zum Strahlen, und im Herbst trägt sie ein in allen Rottönen changierendes Kleid – eine immer währende Einladung zu neuen Entdeckungsreisen.

IM SÜDEN VON SIENA

Ich weiß nicht, ob es Landschaften gibt, die sich mit der von Siena und der Val d'Orcia vergleichen können. Als Ausgangspunkt bietet sich Montepulciano an, das während der Renaissance einen beachtlichen Aufschwung erlebte und in dessen Straßen Sie sich treiben lassen sollten. Montepulciano ist auch der Geburtsort des Dichters Poliziano, der später von den Medici der Toskana verwiesen und am Hof von Mantua als *commensale perpetuo*, Gast auf Lebenszeit, aufgenommen wurde. Der Charme des Städtchens, dessen sich nach unten windende Hauptstraße

Vorhergehende Doppelseite: Die unzähligen Festungen erinnern daran, dass sich die Toskana – bevor sie durch die eiserne Hand der Medici ein geschlossenes Herzogtum wurde – aus vielen rivalisierenden Stadtstaaten zusammensetzte.

Oben: Das Wappen der Medici wird man überall in der Toskana vorfinden. Hier über dem Brunnen der Piazza Grande von Montepulciano wird es von zwei Löwen umrahmt.

Oben: Eine Darstellung des heiligen Hieronymus, des Schutzheiligen der Gelehrten. Es verwundert nicht, diese in Montepulciano zu finden, der Heimat des Dichters Poliziano.

Rechte Seite: Im Mittelalter war die Toskana Schauplatz nicht enden wollender Schlachten. Daran erinnern in Montepulciano nicht nur die befestigten Stadttore, sondern auch seine Lage hoch auf der Spitze eines Hügels.

Oben: Die toskanische Landschaft, hier in der Nähe von Pienza, wirkt oft wie eine Zeichnung vom Reißbrett, aus der sich vereinzelt die dunkle Silhouette einer Zypresse abhebt.

Rechts: Die Kirche Madonna di San Biagio in Montepulciano ist ein Meisterwerk der toskanischen Renaissance.

Ganz rechts: Auch der Brunnen mit Säulen und Architrav, verziert von Löwen und Greifen, auf der Piazza Grande ist ein herrliches Beispiel für den Stil des frühen 16. Jahrhunderts.

Rechte Seite: Eine ruhige Gasse unterhalb des Castellos: Die Häuser sind von schlichter Eleganz.

Adelspaläste säumen, schlägt den Besucher schon beim Durchschreiten des mittelalterlichen Stadttores, der Porta al Prato, in seinen Bann. Doch ich empfehle Montepulciano nicht nur wegen der bezaubernden Sträßchen als Ausgangspunkt, sondern aufgrund eines etwas abseits gelegenen Schmuckstückes, der Kirche Madonna di San Biagio: Das Meisterwerk von Antonio da Sangallo dem Älteren steht am Ende einer Zypressenallee und verkörpert das von Bramante und Michelangelo erträumte Ideal der Renaissance. Auch ein schöner Herbst- oder Wintertag, an dem sich der Nebel in den Tälern fängt und der Hügelkamm sich klar abhebt, bietet sich für einen Besuch an. Eine steinerne Bank, die rings um das Gebäude verläuft, lädt zum Verweilen ein. Die ländliche Gaststätte in einem der hübschen Nebengebäude ist allerdings nur während der Sommermonate geöffnet – ein geeigneter Ort, um einen der edelsten Weine Italiens zu genießen, den Vino Nobile di Montepulciano, der mehrere Jahre in Eichenfässern reift.

Westlich von Montepulciano gelangt man in eine herrliche Landschaft, in der das Wirken von Natur und Mensch ein bis heute ungestörtes Gleichgewicht gefunden zu haben scheint. Wie Wogen breitet sich das weitläufige Land aus, und hin und wieder zeichnen sich die massiven, erhabenen Umrisse eines einzelnen Gehöfts oder hoch gelegenen Dorfes ab. Es verwundert nicht, dass Künstler, die in dieser Umgebung aufwuchsen, zu meisterhaften Zeichnern wurden: Weiche, doch deutliche Konturen von Hügeln, die sich vor dem Himmel abzeichnen, die makellose Ordnung der Weinberge und Olivenhaine, die schmalen Bewässerungskanäle und Straßen, die sich sanft durch die Niederungen schlängeln; und allgegenwärtig der Anblick von Zypressen, deren strenge Silhouette unwillkürlich an die Form eines überdimensionalen Pinsels denken lässt.

Das ganz in der Nähe von Montepulciano gelegene Pienza wäre gewiss das bescheidene Dörfchen Corsignano geblieben, wenn dort nicht ein berühmter Papst das Licht der Welt erblickt hätte. Pius II., ein großer humanistischer Geist, wollte seinen Geburtsort zu einer Musterstadt umgestalten. Auf den Namen Pienza umgetauft, zählt der Ort kaum mehr als zweitausend Einwohner, doch darf er sich einer monumentalen Piazza rühmen, die die Handschrift des berühmten florentinischen Baumeisters Bernardo Rossellino aufweist. Die um-

liegenden Residenzen, erbaut für die dem Kirchenfürsten nahe stehenden Kardinäle, zeugen von der einstigen Präsenz eines wahren Hofstaates. Das Dorf erhebt sich auf einem Felsvorsprung, der nach Süden hin die Gegend der Val d'Orcia überblickt. Bei einem Spaziergang längs der Stadtmauer kann man den Blick in die Ferne schweifen lassen und den Ausblick auf den Monte Amiata sowie die Festung von Montalcino genießen. Die harmonische Wirkung der Straßenzüge von Pienza – der Backstein sowie die gelben und grauen Anstriche – wurde nicht durch übertriebene Restaurierungen verdorben. Ein Besuch des Museums und des Doms, dessen strahlende Architektur die wunder-

Oben: Die meisterhafte romanische Abtei Sant' Antimo liegt in einem Tal vor der Kulisse des Monte Amiata. Diese südliche Gegend der Toskana ist noch weitgehend unberührt.

Rechts: In der südlichen Toskana befindet sich auch Casciano dei Bagni, das seit der Antike für seine Quellen gerühmt wird. Der Ort drängt sich um eine Kirche und ein Kastell auf einem Hügel, ein Anblick, der sich dem Betrachter in unterschiedlichen Variationen überall in der Toskana bietet.

schönen Retabel hervorhebt, sollte ebenso wenig versäumt werden wie die Besichtigung des Palazzo Piccolomini, der jahrhundertelang im Besitz derselben Familie war und nach dem Tod des letzten Nachkommen 1962 unverändert blieb.

Man möchte sich wünschen, dass Gebäude wie dieses mit seinen rissig werdenden Familienporträts, den unbrauchbar gewordenen Möbeln, den düsteren Räumen und der lichtdurchfluteten Loggia nie restauriert werden. Doch Pienza, das bei meinem ersten Besuch vor ungefähr dreißig Jahren vor allem Kunsthistorikern ein Begriff war, wird schon bald San Gimignano an Berühmtheit nicht mehr nachstehen.

Im Mittelalter durchquerte die Via Francigena die Val d'Orcia, der Pilgerweg von Frankreich nach Rom. Statt nun geradewegs nach Siena zu fahren, sollten Sie diese Gegend noch etwas genießen: Biegen Sie in San Quirico d'Orcia nach Südwesten zu dem alten Benediktinerkloster Sant' Antimo ab, das unterhalb des mittelalterlichen Dorfes Castelnuovo dell'Abate liegt. Es war lange sich selbst überlassen, bis man es im Jahre 1992 neu belebte und in der Klosterkirche wieder die gregorianische Liturgie erklang. Die raffinierten Details aus Alabaster und Onyx an den Gebäuden enthüllen sich erst bei genauer Betrachtung. Nehmen Sie sich die Zeit für einen Spaziergang zwischen den Olivenbäumen hinter dem Kloster, an der Zypresse vorbei, die fast ebenso hoch ist wie der Campanile, und lassen Sie die Stimmung dieses meist unbesuchten, naturbelassenen Ortes auf sich wirken.

Von Sant' Antimo aus schlängelt sich eine ungepflasterte Straße durch Weinberge und Eichenwälder bis nach Sant' Angelo in Colle, von wo wir wieder auf die Straße von Grosseto nach Siena gelangen. Machen Sie auf dem kleinen Platz des mittelalterlichen Dorfes Halt zum Mittagessen, besonders im Herbst und während der Jagdsaison ein kulinarisches Erlebnis – die Spezialität dieser Gegend ist Wildschwein –, und versäumen Sie nicht, zum Essen einen Brunello di Montalcino zu bestellen, einen Wein für Liebhaber, der wie der Vino Nobile di Montepulciano jahrelang reifen muss. Das nur wenige Kilometer entfernt liegende Montalcino erkennt man schon von weitem an seiner für die Militärarchitektur des 14. Jahrhunderts beispielhaften Festung. Sie war einst eine der letzten Bastionen der Sienesen, die gegen die florentinische Eroberung Widerstand leisteten.

DIE URWÜCHSIGE GEGEND
UM DEN MONTE AMIATA

Die Val d'Orcia ist auch ein guter Ausgangspunkt für eine Rundreise in den Süden der Toskana, überragt von dem imposanten Massiv des Monte Amiata. Hier herrscht ein raueres Klima als an der Küste – der Winter dauert einige Wochen länger, und selbst in den Sommernächten kühlt die Luft merklich ab. Radicofani und Cetona gehören zu jenen alten Dörfern dieser Gegend, oftmals etruskischen Ursprungs, die sich seit dem Mittelalter nicht verändert zu haben scheinen. Städtchen wie San Casciano dei Bagni, dessen Quellen schon dem Dichter Horaz bekannt waren, lockten zahlreiche Künstler auf der Suche nach Beschaulichkeit an. In dieser Gegend fernab vom Massentourismus hat sich die typische Lebensart unverfälscht erhalten. Bei einem Rundgang durch San Casciano wird man zwar nicht auf bemerkenswerte Baudenkmäler stoßen, doch der Ort vermittelt das Gefühl einer gewachsenen Zivilisation. In der Dorfschenke mit einer Terrasse, von der man die Landschaft überblicken kann, wird man ebenso wie in dem benachbarten Restaurant desselben Besitzers stets herzlich empfangen. Versäumen Sie nicht, der kleinen Kirche mit der Sakramentskapelle einen Besuch abzustatten, deren barocker Ausschmückung Basiri, ein Künstler iranischer Herkunft, der sich in der Umgebung niedergelassen hatte, dezent seine persönliche Note verlieh. Selbst in bescheidenen Bauwerken wie diesem ist das Streben nach Schönheit allgegenwärtig. Die großzügigen Bäder zeugen von der Berühmtheit der Quellen, auch wenn von den ursprünglichen Bauten nur ein schöner Medici-Portikus erhalten blieb. Sehenswert sind die unterhalb des Dorfes verstreut liegenden Wasserbecken, in denen eine Temperatur von ca. 40 Grad herrscht. Das *bagno grande,* das größte Bad, setzt sich aus drei Becken zusammen, von denen eines noch vor 25 Jahren von den Frauen des Ortes zum Waschen der Wäsche benutzt wurde. Die Frauen unterbrachen ihre Arbeit häufig, um sich zu bekreuzigen, denn das kleinste Becken diente auch der Waschung der Toten. Inzwischen hat man diesen Brauch aufgegeben, doch die warmen Bäder, von denen nur Eingeweihte wissen, können immer noch benutzt werden.

Links: Selbst der bescheidenste toskanische Bauernhof besticht durch die Klarheit und Ausgewogenheit seiner Architektur.

Oben: Diese liebliche Landschaft schlägt immer wieder Künstler in ihren Bann. In der Ferne hebt sich vor dem Massiv des Monte Amiata das Dorf San Casciano dei Bagni ab.

Der sienesische Lehmboden wiegt sich in sanften Wogen durch den Süden von Siena: In den Crete Senesi hinterlässt die Erosion tiefe Furchen in der Landschaft.

SIENA UND DIE CRETE SENESI

Von Montalcino führt zwar die Hauptstraße direkt nach Siena, doch reizvoller ist es, einen Umweg über die kleinen Nebenstraßen zu wählen.

Am Ortsausgang von Pienza, Richtung San Quirico d'Orcia, geht beispielsweise eine so genannte *strada bianca* nach Cosona ab, einem Weiler, der sich um ein Schloss drängt, das auf die alte sienesische Familie Forteguerri zurückgeht. Heute gehört das im 20. Jahrhundert restaurierte Schloss den Bichi Ruspoli. Es ist nicht zu besichtigen, doch in seinem Archiv befinden sich Schätze wie die Korrespondenz des Kardinals Bichi, eines engen Freundes des berühmt-berüchtigten Kardinals Mazarin. Etwas weiter nördlich lohnt ein Abstecher in die bizarre Landschaft der Crete Senesi zu den mittelalterlichen Ortschaften San Giovanni d'Asso, berühmt für die weißen Trüffeln, und Chiusura. Das italienische Wort *creta* (Mehrzahl *crete*) bedeutet Tonerde. Durch Erosion bilden sich in diesem Boden tiefe Furchen, die wie Narben die sanfte Hügellandschaft zeichnen. Aber der Landschaft wohnt zu jeder Jahreszeit eine ganz eigene Schönheit inne, ob im Winter, wenn sich die krei-

digen Spalten besonders scharf von den grünen Wiesen abheben, oder im Sommer, wenn die Sonne das Gras verdorren lässt. Gegenüber von Chiusura erhebt sich die Abbazia Monte Oliveto Maggiore. Die imposanten Backsteingebäude der Abtei liegen inmitten eines Wäldchens, das vom Duft der Zedern, Zypressen, Oliven und des Buchsbaums erfüllt ist. Das bis heute von Mönchen bewohnte Kloster ist das Mutterhaus der Olivetaner und darf sich rühmen, einen der bedeutendsten Freskenzyklen der italienischen Renaissance zu beherbergen.

Über die Route durch die Crete Senesi gelangt man von Süden her nach Siena – dessen mittelalterlichem Stadtbild auch die Ausdehnungen in jüngerer Vergangenheit nichts anhaben konnten. Schon immer wird von dieser Stadt nur in Superlativen gesprochen, wird sie zu Recht als »die Stadt mit der bedeutendsten mittelalterlichen Architektur Italiens, vielleicht sogar Europas« bezeichnet. Von der UNESCO wurde Siena zum Weltkulturerbe erklärt. »Schon mit meiner Geburt wurde ich als ›Kulturerbe der Menschheit‹ eingestuft«, witzelt der Künstler Federico Fusi, der seine Heimatstadt leidenschaftlich verehrt.

Bevor Sie zur Erkundung der Stadt aufbrechen, betrachten Sie sie

Siena wurde auf einem zerklüfteten
Höhenzug erbaut. Die Grenze
zwischen Umland und Stadt ver-
schwimmt, denn auch innerhalb
der mittelalterlichen Stadtmauer
erstrecken sich weite Grünflächen
und Gemüsegärten – ein Umstand,
der erklärt, wie Siena der Belagerung
durch die Heerscharen von Kaiser
Karl V. und der Stadt Florenz so lange
standhalten konnte, bevor es schließlich 1555 aufgeben musste.

Rechts: Eine Tafel erinnert in Vignano an die Liebschaft zwischen Stendhal und der schönen Sienesin Giulia Rinieri.

Unten: In Siena bieten sich immer wieder überraschende Blickwinkel auf die Stadt selbst, wie hier durch die Zweige der Obstbäume.

erst einmal aus der Ferne, zum Beispiel von Vignano aus, auf der Strecke in das Chianti-Gebiet. Vor der winzigen Dorfkirche bietet hier eine Terrasse den Ausblick auf die einzigartige Stadt mit ihrem verwinkelten Auf und Ab aus Hügeln und Niederungen: die Landschaft der Crete Senesi, jedoch bedeckt mit einer kompakten Kruste aus Backstein und Stein, aus der die Glockentürme und Kuppeln der Kirchen herausragen. Das ist das Bild einer Stadt, die sich mit dem Relief der Landschaft vereint, ohne dies leugnen zu wollen – seit die florentinischen Eroberer die zahlreichen miteinander an Höhe konkurrierenden Geschlechtertürme dem Erdboden gleichgemacht hatten, deren Vielzahl ansonsten San Gimignano auf den Platz einer zweitrangigen Sehenswürdigkeit verwiesen hätte. Einige Schritte von dort entfernt steht die Villa, die Schauplatz der Liebschaft von Stendhal und Giulia Rinieri war, weshalb auch Vignano in dem Roman *Die Kartause von Parma* als ein Dorf an den Ufern des Po zu Unsterblichkeit gelangte.

Man betritt Siena durch eines der monumentalen Tore in der Stadtmauer. Die Häuser scheinen sich an den steilen Hängen festzuklammern und die mittelalterliche Befestigungsmauer folgt der hügeligen Landschaft. In den Senken stehen die einstigen Waschhäuser, in denen immer noch sehr klares Wasser plätschert, denn die Stadt wurde auf einem bemerkenswerten antiken Netz unterirdischer Kanäle erbaut. Auch die Olivenhaine sowie die Obst- und Gemüsegärten haben weiterhin ihren Platz am Fuße des imposanten Komplexes der Heiligtümer, deren Backsteinmauern sich wie Felswände erheben. »Siena ist eine Stadt in den Bergen, und wir haben die Mentalität eines Bergvolkes«, erklärte mir einmal ein Sieneser Freund. Weitaus mehr als Florenz, eine Stadt der Ebene, die sich horizontal ausbreitet, ist Siena, Stadt der Heiligen und der Bankiers, der Abstraktion und der Transzendenz zugewandt.

Aus dem hügeligen Gelände, auf dem die Stadt erbaut wurde, ergibt sich eine typische Besonderheit des städtischen Lebens der Sienesen, die heute noch ebenso lebhaft gepflegt wird wie im Mittelalter: die Teilung der Stadt in Viertel, oder besser gesagt in *contrade*, jeweils mit eigenem Wappen, eigener Kirche und eigener »Bürgerschaft«, die eine wichtige Rolle bei der nachbarschaftlichen Hilfe spielt. Das Verhältnis der unterschiedlichen *contrade* zueinander ist nicht einfach: Freundschaften und Allianzen, Gleichgültigkeit, erklärte Feindschaft oder Rivalität erreichen ihren Höhepunkt beim berühmten Palio.

Links: Über den engen Straßen um die Piazza del Campo ragt stolz die Torre del Mangia mit ihren 88 Metern Höhe hervor, ein Wahrzeichen der Stadt.

Oben: Das Wappen der Medici hat das schwarz-weiße Emblem von Siena an den Fenstern des Palazzo Pubblico nicht verdrängt. Zu Ehren des Palio sind sie festlich mit den Fahnen der *contrade* geschmückt.

Ganz oben: In Siena hat jedes Viertel eine eigene Fahne. Die hier abgebildete repräsentiert die *contrada* des Panthers.

Oben: Schon Tage vor dem Palio werden in allen Vierteln die Tische vor die Häuser gestellt, um im Freien zu Abend zu essen.

Dieses Pferderennen findet alljährlich am 2. Juli sowie am 16. August statt, ein Ereignis, dem jeweils ein aufwändiger Umzug in historischen Kostümen vorausgeht. Oft hat die *contrada* ihren Sitz in einem eher einfachen Haus. Die meisten haben ein bekanntes Tier oder Fabelwesen als Namensgeber, ob nun Gans, Panther, Nashorn, Giraffe, Einhorn oder Raupe. So wird jeder Sieneser schon in ein sehr starkes Identitätsbewusstsein hineingeboren. Die Embleme der unterschiedlichen *contrade* finden sich überall in der Stadt: Hier schmücken sie die Stromkästen an den Häuserfassaden, dort sind sie in die Gitter vor den Fenstern eingearbeitet, und selbst Vespas hat man in den Wappenfarben des Viertels gestrichen. Ein weiterer Charakterzug, der dem Besucher auffallen wird, ist das Gefühl von Melancholie, das über der gesamten Stadt zu liegen scheint, ein Widerschein jener Traurigkeit, die der große sienesische Romanschriftsteller Federigo Tozzi so treffend beschrieb. Vielleicht ist sie die Folge von fern in der Vergangenheit erlittenem Unheil, doch selbst die Gesichter der Engel von Duccio di Buoninsegna, dem Meister des Goldenen Zeitalters, überschattet ein melancholischer Zug.

Wie alle Städte mit Seele erschließt sich Siena dem Besucher nur langsam. Die Stadt besteht aus Licht und Schatten, so wie sie durch ihr Wappen versinnbildlicht wird – halb Schwarz, halb Weiß. Doch das eigentliche Sinnbild der Stadt ist die säugende Wölfin, die Fürsorge und Güte verkörpert, ebenso wie die zahlreichen mittelalterlichen Madonnen der Stadt, denn Siena stellte sich schon früh unter den Schutz der Jungfrau Maria.

Siena kennen zu lernen heißt, in seinen Muskeln die ständig wechselnden Höhenunterschiede zu spüren; es heißt, sich in den gewundenen Straßen zurechtzufinden, von denen aus steile Übergänge zu den jeweils etwas tiefer oder höher gelegenen, parallel verlaufenden Straßen führen; es heißt auch, den Lichteinfall in den engen Gassen zu studieren, der den oberen Teil der Häuser erstrahlen lässt – denn das Silbergrau der *pietra da torre*, des Steines, den man schon für die Errichtung der mittelalterlichen Türme verwendete, fängt die Sonnenstrahlen herrlich ein. Eigentlich möchte man nur mit nach oben gerichtetem Blick durch die Stadt schlendern, um all die herrlichen Details zu betrachten: Gesimse, eingemauerte Majolika-Kacheln an den ältesten Häuserfassaden, die Wappenbilder der *contrade* und das christliche Symbol IHS (Jesus, Erlöser der Menschen), das der heilige Bernhardin von Siena

Links: Die Reiter machen sich vor
dem entscheidenden Rennen mit
der Sandbahn vertraut, die um die
Piazza del Campo verläuft.

Folgende Doppelseite: Dem Rennen
geht ein Umzug in historischen Kostümen voraus. Die Kunst der Fah-
nenträger offenbart sich in der Pracht
der Farben. Vor dem Festtag wird
auf der Piazza gewissenhaft geprobt.

Oben: Wer mit aufmerksamem Blick durch die Stadt geht, wird eine Vielzahl an Skulpturen entdecken, wie diese Muschel an der Kapelle der Contrada del Nicchio oder die Statuen, die die Marmorkapelle der Piazza del Campo schmücken.

überall anbringen ließ, als wäre der Glaube von einem ständigen Bedürfnis nach Exorzismus begleitet. »Die beste Art, diese Stadt zu besichtigen, ist von einer Tragbahre aus«, sagte mir einmal eine verschmitzte alte Sienesin, als sie mich vor dem Palazzo Piccolomini stehen sah. Die Plätze erscheinen in diesem engen Straßengeflecht wie prachtvolle Oasen. Allein die Piazza Salimbeni stellt eine Ausnahme dar, denn der kühle Entwurf des 19. Jahrhunderts ist zu abgezirkelt, um Authentizität auszustrahlen. Umso herrlicher sind dafür die einzigartige Piazza del Campo, Schauplatz des Palio, und ihr weniger bekanntes Gegenstück, die Piazza del Mercato hinter dem Palazzo Pubblico; es gibt die bemerkenswerte Piazza Provenzano Salvani im Herzen eines Viertels, das Tozzi sehr liebte, sowie die mysteriöse, schräg abfallende Piazza Manzoni mit der großen entwipfelten Zeder, Vorplatz der Kirche Santa Maria dei Servi. Es ist unmöglich, alle Meisterwerke der Architektur oder der Malerei von Siena hier aufzuzählen. Wenn Sie die Auf- und Abstiege nicht scheuen, dann lassen Sie sich einfach in den Straßen treiben: Sie werden bei diesen Streifzügen gewiss auch auf die imposanten mittelalterlichen Brunnen stoßen und das Castellare degli Ugurgieri entdecken, ein Überbleibsel der befestigten Residenzen, die der Adel um das 10. Jahrhundert anstatt seiner ländlichen Herrensitze errichtete: eine entscheidende Entwicklung für die Geschichte der Stadt. Heute befinden wir uns hier im Zentrum der *contrada* der Eule: Das Wappentier ist auf einen einstigen Tempel – an der Stelle des heutigen Oratoriums – zurückzuführen, der der Göttin Minerva geweiht war, die mit einer Eule versinnbildlicht wird.

Siena ist zwar eine beschauliche Stadt, aber keineswegs leise. So füllt sich die Straße, die die Piazza Salimbeni mit der Piazza del Campo verbindet, allabendlich mit einem Strom lärmender junger Leute, und während des Palio scheint die gesamte Stadt von einer ungeheuren Energie erfasst zu sein. Das eigentliche Rennen dauert nur Sekunden, aber die Vorbereitungen sowie die anschließenden Festlichkeiten halten die Einwohner tagelang auf Trab. Trotz der zahlreichen fremden Zuschauer ist der Palio nicht zu einem folkloristischen Spektakel verkommen, ganz im Gegenteil, er offenbart die Seele Sienas – für die Dauer eines Rituals, in dem jedes Detail minutiös geplant ist.

Rechte Seite, links: Ein Meisterwerk von Jacopo della Quercia: Die Fonte Gaia ziert bereits seit 1419 die Piazza del Campo.

Rechte Seite, rechts: Weitere dekorative Details aus Siena, die häufig die Embleme der verschiedenen *contrade* aufgreifen.

EIN AUSFLUG IN DAS CHIANTI

Von Siena aus ist man schnell im Chianti-Gebiet, der Heimat des
weltbekannten Weines. Die typischen, mit Stroh umwickelten bauchigen Flaschen sieht man kaum mehr, statt mit ländlichem Charme
lockt dieser Wein heute mit einer exzellenten Qualität, die sich in
den letzten dreißig Jahren verfeinert hat. In dem von Weinkennern
viel besuchten Anbaugebiet des Chianti Classico, dem Herzstück
der Region, herrschte nicht immer eine friedvolle Lebensart. Zahlreiche Schlösser und befestigte Dörfer erinnern an den jahrhundertelang schwelenden Machtkampf zwischen Siena und Florenz. Die
folgende kleine Route möchte Ihnen dieses Gesicht des Chianti er-
schließen, und darüber hinaus locken unterwegs namhafte Weingüter
wie Lilliano, Badia, Castello di Ama oder Brolio – es empfiehlt sich,
einen Termin für eine Weinprobe zu vereinbaren.

Wir verlassen Siena nach Norden Richtung Castellina in Chianti.
Die Straße führt durch eine harmonische Hügellandschaft, durch
Weinberge und Wälder. Castellina mit einer Festung aus dem
14. Jahrhundert ist ein reizendes Städtchen, trotz seiner touristi-
schen Anziehungskraft und der zahlreichen Immobilienmakler.
Seine Beliebtheit bei Fremden, die sich hier niederlassen, hat der
Region den Namen »Chianti-Shire« eingetragen. Beeindruckend ist
die Via delle Volte mit den Gewölbegängen aus Backstein, die ein

Linke Seite, oben: Bei Castellina in Chianti. Eine Reihe von Zypressen hebt sich vor dem Himmel ab.

Links: Weinberge bestimmen die Landschaft des Chianti, hier bei Lilliano. Zwischen sorgfältig bebauten Hügeln und Wäldern erstrecken sich weitläufige Weingüter.

Teil der Stadtbefestigung ist. Das Sträßchen endet an der Piazza del Comune, an der ein sehr angenehmes Restaurant liegt. Von Castellina aus orientiert man sich nun gen Osten, mit dem Ziel Badia a Coltibuono. Die ehemalige Abtei soll im Jahre 1049 entstanden sein und ist heute eine der ersten Adressen für Chianti Classico und Olivenöl. Im Jahre 1810 wurde das Kloster aufgelöst und zum Landgut, doch die hübsche romanische Kirche mit dem imposanten Campanile hat die Zeiten überdauert. Die herrlichen Nadelwälder ringsum, die schon gepflanzt wurden, als hier noch die Mönche weilten, lassen genügend Raum für Ausblicke auf die ursprüngliche Landschaft. Sie nimmt hier schon einen beinahe gebirgigen Charakter an, weshalb auch die Weinberge und Olivenhaine des Klosters weiter unterhalb liegen.

Bei der Weiterfahrt nach Süden liegt auf einem Hügel nicht weit von der Straße entfernt das Castello di Meleto, das mit seinen vier Ecktürmen das Mittelalter wieder aufleben lässt. Leider kann nur die herrliche Aussicht, nicht aber das Innere des Schlosses, das ein Theater aus dem 18. Jahrhundert beherbergt, bewundert werden. Das Schloss war jahrhundertelang ein Sitz der Ricasoli; einem anderen Zweig dieses Geschlechts gehörte eine weitere Festung in der Nähe von Brolio, die im 19. Jahrhundert umfassend erneuert wurde. Das Hauptgebäude besteht aus Backstein, während die wuchtige Mauer aus sienesischem Stein errichtet wurde. Das massive Kastell dominiert die Val d'Arbia an einem strategischen Punkt, hier verlief einst die natürliche Grenze zwischen Florenz und Siena. Das heutige Gebäude prägte Bettino Ricasoli, der als »Eiserner Baron« in der Nachfolge von Cavour bei der Schaffung der italienischen Einheit zu den Hauptakteuren gehörte. Seine Nachfahren gestatten eine Besichtigung der Gärten und Terrassen. Unterhalb des Schlosses geben die großen Betriebsgebäude eine Vorstellung von der Weitläufigkeit der Ländereien und dem Umfang der Produktion. Sehenswert ist auch das kleine Dorf San Gusmè im Südosten von Brolio, das vor siebenhundert Jahren von den Sienesen befestigt wurde und sich seither nicht verändert hat. Auf dem Rückweg über Castelnuovo Berardenga erlaubt die Straße kurz vor Siena einen Abstecher nach Vignano mit seinem schönen Blick auf Siena.

Links: In der Umgebung von Siena. Dieser Landstrich mit seiner einzigartigen Harmonie ist für die künstlerische Inspiration wie geschaffen.

Ganz oben: In dem Dorf San Sano erzählt ein Brunnen von der Legende des Chianti trinkenden Frosches.

Oben: Überall zeugen Wappen von dem Einflussreichtum der großen Adelssitze im Chianti.

Ganz oben: Die Festungstürme von Monteriggioni wachen bereits seit dem Mittelalter über die Stadt.

Oben: Der große Hauptplatz des Dorfes macht die einstige Bedeutung des Gemeindelebens deutlich.

VON SIENA NACH VOLTERRA

Wieder Siena als Ausgangspunkt nehmend, verlassen wir diesmal die Stadt Richtung Nordwesten. Erste Etappe ist das mittelalterliche Monteriggioni mit seinem Festungsring und den Türmen auf der Spitze eines Hügels. Schon Dante beschrieb es im XXXI. Gesang seines *Inferno*. Außerhalb der Hochsaison lädt der Ort mit dem kleinen Hauptplatz und den niedrigen Häusern zu einer gemütlichen Pause ein.

Die meisten Touristen lassen Colle di Val d'Elsa zugunsten von San Gimignano links liegen, doch völlig zu Unrecht, denn jenes Städtchen gehört zu den reizvollsten der Toskana.

Obwohl Colle vom Äußeren her ganz dem sienesischen Stil entspricht, ordnete die Stadt sich selbst stets dem florentinischen Lager zu. Sie besteht aus einem tiefer gelegenen Colle Bassa und einem höher gelegenen Colle Alta, das wiederum in zwei Viertel unterteilt ist. Die Hauptstraße führt erst über eine Brücke und dann durch den Palazzo Campana, der eine Art majestätisches Portal zu dem bestgeschützten Teil, dem Castello, darstellt. Die erhabene Lage der Stadt, umgeben von Schluchten, die verwendeten Baumaterialien sowie die Architektur selbst erinnern bei jedem Schritt an Siena. Auch hier wird die Via del Castello von einer zweiten, an manchen Stellen sogar von einer dritten parallel verlaufenden Straße begleitet. Colle besticht durch seine steilen Sträßchen, die schönen Farben der Stein- und Backsteinmauern, die in Grau, Rosa und Weiß gestalteten geometrischen Ornamente seines Pflasters, durch das Spiel von Licht und Schatten in den Passagen und auf den Plätzen ebenso wie durch die strenge Schönheit seiner Befestigungsanlagen und die wertvollen Gemälde und Skulpturen in seinen Kirchen. Die meisten Geschlechtertürme wurden zerstört, doch der Turm, in dem der Legende nach der großartige Architekt des Doms von Florenz, Arnolfo di Cambio, geboren wurde, blieb erhalten. Während langer Jahrhunderte war Colle ein wichtiges Zentrum der Papier- und Glasindustrie. Während die Papierfabriken verschwunden sind, ist die Tradition der Kristallherstellung immer noch lebendig. Die regionale Küche zeichnet sich durch eine weitere Besonderheit aus: Da sich Weinanbau und Olivenpflanzungen erst sehr spät in der Region Val d'Elsa ausbreiteten, kochte man hier eher mit Speck und Schmalz als mit Öl und gab dem Schweinefleisch den Vorzug.

Oben: Der schwarze Hahn ist das Qualitätssiegel des Chianti-Weines. Hier in Monteriggioni weist er den Weg zu dem Geschäft eines regionalen Erzeugers.

Rechts: Colle di Val d'Elsa ist ein Schmuckstück der Toskana. Die zentrale Piazza mit den schönen Arkaden im unteren Teil der Stadt wurde nach dem Architekten ces Doms von Florenz benannt: Arnolfo di Cambio.

Ganz oben: Die Adelsgeschlechter
der Stadt hinterließen ihre in Stein
gemeißelten Wappen.

Oben: Seit jeher gilt Volterra als die
Stadt des Alabasters.

Rechts: Das römische Theater der
mächtigen Etruskerstadt Volterra hat
die Zeiten überdauert.

Rechte Seite: Volterra hat sich für das
Stadtfest herausgeputzt.

San Gimignano, das Bewunderer aus der ganzen Welt anzieht, ist gewiss der besterhaltene und Aufsehen erregendste unter den mittelalterlichen Marktflecken entlang der Via Francigena in der Val d'Elsa. Hier stehen noch zahlreiche Geschlechtertürme, und von weitem betrachtet scheinen diese hoch aufragenden Bauten sowohl die Moderne als auch die Gotik repräsentieren zu wollen. So viel Pracht hat auch ihre Schattenseiten: Touristenströme, Souvenirstände und die vielen allzu perfekt restaurierten Gebäude hinterlassen bei manchem ein gewisses Unbehagen. Man sollte für den Besuch einen Wochentag in der Nebensaison wählen, wenn nur wenige Fremde wie die Pilger von einst mit Muße durch die Straßen schlendern.

San Gimignano verdankte zu seiner Glanzzeit einen Großteil seines Wohlstandes dem Anbau von Safran. Seit einigen Jahren bemühen sich junge Landwirte, diese Tradition wieder aufleben zu lassen; wenn Sie also an einem ruhigen Tag in einer der Trattorien der Stadt einkehren, bitten Sie den Koch, Ihnen ein Gericht mit dem hiesigen Safran zu servieren, selbst wenn dieses nicht auf der Karte steht.

Das auf einem von der Erosion ausgewaschenen Bergkamm errichtete Volterra war einst eine der bedeutendsten etruskischen Siedlungen. Vierhundert Jahre vor unserer Zeitrechnung lebten hier 25 000 Menschen, doppelt so viele wie heutzutage. Die imposante etruskische Stadtmauer wurde zwar an manchen Stellen mit dem wegbrechenden Boden mitgerissen, doch zu weiten Teilen überragt sie immer noch die mittelalterliche Befestigungsanlage. Nach einer strahlenden Blütezeit im 13. Jahrhundert fiel Volterra den florentinischen Interessen zum Opfer. Die Heerscharen von Lorenzo Il Magnifico nahmen die Stadt letztendlich 1472 ein und unterzogen sie einer systematischen Plünderung, die von Machiavelli in einer drastischen Beschreibung festgehalten wurde. Der turbulente Lauf der Geschichte hinterließ seine Spuren. Das Zentrum der Stadt, die Piazza dei Priori, ist trotz der radikalen Eingriffe im 19. Jahrhundert einer der beeindruckendsten mittelalterlichen Plätze Italiens, doch auch einer der düstersten. Das einzige verspielte Element sind die Wappen an den Fassaden der Paläste; so gab das Emblem eines kleinen Wildschweines der Torre del Porcellino seinen Namen – übrigens ist »Wildschwein auf etruskische Art« eines der Aushängeschilder der dortigen Gastronomie. Der Dom sowie das romanische Baptisterium, die Renaissance-Paläste und die Schätze

der Museen machen einen Bummel durch Volterra zu einem lohnenswerten Ereignis. Man ist darüber hinaus der etruskischen Tradition der Alabasterbearbeitung bis heute treu geblieben: Wegweiser leiten den Besucher zu den Kunsthandwerkern in der Innenstadt. Der älteste Meister dieser Gilde hat sich ganz der Herstellung von Tierfiguren verschrieben, und von der Straße aus kann man ihn in seiner winzigen Werkstätte beim Polieren seiner Skulpturen beobachten. Auch der Blick über die Balze, das Erosionsgebiet westlich der Stadt, wird den Besucher faszinieren.

Oben: Die etruskischen Grabmäler von Populonia überziehen die sanft zum Meer abfallenden Hügel.

Rechts: Unter großen Anstrengungen gelang es im 19. Jahrhundert, die Maremma trockenzulegen: Bei Bolgheri steht heute dieser Hof, der zu einem großen Adelsgut gehört, in einem Meer von Sonnenblumen.

ANS MEER:
VOM MONTE ARGENTARIO NACH PISA

Die über 250 Kilometer lange Küste der Toskana lockt mit einer abwechslungsreichen Landschaft. Da die Autobahn nur entlang des nördlichen Teiles verläuft, blieb der Süden trotz einiger Orte mit exquisiten Sommerresidenzen, wie auf dem Monte Argentario, vom Massentourismus verschont. Die Gegend nennt sich Maremma nach ihrem lateinischen Namen Maritima und bezeichnet genauer gesagt die ehemaligen Sumpfgebiete, mit denen sich der Mensch lange Zeit einen ausweglosen Kampf lieferte. Auf Maler wirkte dieser Landstrich mit seinen Rinderherden und den berittenen Viehhirten oft inspirierend. Nach den Etruskern versuchten die Römer das Gebiet trockenzulegen und nutzbar zu machen, doch ihre Bemühungen gingen gemeinsam mit dem Imperium Romanum unter. Jahrhunderte später unternahmen die Großherzöge der Toskana, die Medici und danach die Lothringer, einen erneuten Versuch der Trockenlegung. Davon zeugen noch große Gutshöfe entlang des gesamten Küstenstreifens; mehrere sind bis heute im Besitz bedeutender toskanischer Familien. Manche bauen sogar einen recht guten Wein an. Schon von weitem erkennt man die Anwesen an den wunderschönen Pinien- oder Zypressenalleen.

Zwischen Grosseto und Livorno beispielsweise führt eine fünf Kilometer lange Allee mit riesigen Zypressen zu dem kleinen Dorf Bolgheri. In den Ortskern gelangt man durch ein Tor mit Spitzbogen, das direkt in die Burgmauer gehauen wurde. Der Dichter Giosuè Carducci wuchs hier auf und verewigte Bolgheri in einer berühmten Ode. Zahlreiche Ausgrabungsstätten wie Vetulonia erinnern an die etruskische Vergangenheit der Gegend. Als besonders eindrucksvoll empfand ich Baratti-Populonia, den einzigen bedeutenden Hafen der Etrusker. Heute steht hier nur noch ein winziges Dorf mit ein paar Dutzend Einwohnern, das sich um eine Burg auf einem Felsen gruppiert, mit herrlichem Blick über die Küste. Die Ausgrabungsstätte am Fuße der einstigen Festung imponiert nicht nur aufgrund der Schönheit der etruskischen Nekropole und ihres steinernen Mauerwerks, sondern vor allem durch ihre Ausdehnung: Die antiken Relikte finden sich überall auf den Hügeln verstreut, deren Hänge sanft zum Golf von Baratti abfallen, der von zwei Felsausläufern begrenzt und von einem schönen Piniengürtel gesäumt wird.

Wie in Griechenland wohnt auch hier den Ruinen am Meer eine ganz besondere Poesie inne. Oberhalb der Grabstätten vermitteln die Überreste der Gebäude, die der Eisenverhüttung dienten, einen Eindruck von der Größenordnung der antiken Stadt.

Der Naturpark der Maremma zwischen Grosseto und dem Monte Argentario ist der ursprünglichste Abschnitt des Küstenstreifens und erstreckt sich über eine Länge von ungefähr zwanzig und eine Breite von fünf bis acht Kilometern. Von den Hügellandschaften bis zu den Sumpfgebieten sind dort alle Aspekte der Tyrrhenischen Küste vertreten. Mehrere Pfade erlauben eine Entdeckungstour zu der streng geschützten Flora und Fauna; darüber hinaus zeugen Wachtürme sowie Ruinen eines imposanten romanischen Klosters von der menschlichen Präsenz früherer Zeiten. Die Nähe zu den Seebädern Porto Ercole und Porto Santo Stefano machen eine Regulierung der Touristenströme während der Sommermonate nötig; wem der Sinn nicht nach Gruppenführungen steht, der sollte im Herbst oder zu Beginn des Frühlings kommen. Auch im Winter, wenn die Vegetation eher melancholisch wirkt und sich der Nebel über die Landschaft legt, hat die Einsamkeit des Landstriches durchaus ihren Reiz. Weitere, unbekanntere Naturschutzgebiete findet man entlang der gesamten Küste bis nach Pisa.

Gastfreundliche toskanische Freunde ermöglichten mir einen Aufenthalt in dieser beschaulichen Gegend am Rande von Wäldern und Sümpfen, die einer Vielzahl von Vögeln, Wildschweinen, Hirschen und Rehen Lebensraum bietet. Der Naturpark von Bolgheri ist nur im Winter und bis zum Frühlingsanfang der Öffentlichkeit zugänglich. Ich besuchte ihr am Tage der Schließung, und der Anblick eines Nachtigall-Männchens, das auf einem Baumwipfel nach seiner Rückkehr aus Afrika Tag und Nacht sang, in der Hoffnung ein Weibchen auf sich aufmerksam zu machen, berührte mich weitaus mehr als das

volkstümliche Bild der *butteri*, jener berühmten Reiter, die die Herden der weißen Maremma-Büffel mit den leierförmig gebogenen Hörnern hüten.

Livorno, die drittgrößte Stadt der Toskana, hätte mehr Aufmerksamkeit verdient, denn während es im Mittelalter nur als Verteidigungsbastion Pisas eine Rolle spielte, sollte es im Sinne Cosimos I. zu einer Idealstadt werden. Der Architekt Bernardo Buontalenti entwarf den Plan einer fünfeckigen Stadtanlage, dessen Umsetzung sich von 1577 bis in das 17. Jahrhundert hinzog. Die Bevölkerung nahm trotz unterschiedlichster Maßnahmen und Steuerentlastungen nur langsam zu, doch Livorno entwickelte sich zu einem Sammelbecken für Minderheiten: darunter vor allem Juden, die Familie von Amedeo Modigliani beispielsweise, aber auch englische Katholiken, Griechen aus dem Osmanischen Reich sowie Mauren aus Spanien und Portugal. Die weitere Ausdehnung der Stadt im 19. Jahrhundert wurde zwar außerhalb der von Buontalenti gesteckten Grenzen, doch in seinem Geiste fortgesetzt. Das beeindruckendste Zeugnis dieser planvollen

Linke Seite: Populonia ist im Laufe der Jahrhunderte kleiner geworden, aber aufgrund seiner erhabenen Lage ist es einer der schönsten Orte der toskanischen Küste.

Links oben: Das Wappen der Salviati erinnert hier bei Pisa an die bedeutenden Besitztümer dieser einflussreichen florentinischen Familie.

Rechts: Das Kastell von Populonia wurde im 14. Jahrhundert errichtet. Hier befand sich einst die Oberstadt des bedeutendsten etruskischen Seehafens.

Ganz oben: Die Pinien biegen sich nach dem Wind, der über die flache Küstenlandschaft der Maremma fegt.

Oben: Der Golf von Baratti, nicht weit von der Hafenstadt Piombino entfernt, gehört zu den wenigen Naturschutzgebieten der toskanischen Küste. Im Hintergrund ist die Ebene der Maremma sowie die Hügellandschaft bei Volterra zu sehen.

Rechts: Ein Gehöft am Golf von Baratti bei Sonnenuntergang.

Erweiterung ist der erstaunliche Cisternone, ein klassizistisches Gebäude aus dem Jahre 1830. Der von einer Konche überragte Portikus lässt in keiner Weise den dahinter liegenden Wasserturm vermuten. Und die riesige klassizistische Piazza della Repubblica erinnert an ein metaphysisches Werk von Giorgio de Chirico und keinesfalls an eine Brücke; doch das Gewölbe des zweihundert Meter langen Platzes überspannt den Hauptkanal von Livorno, den Fosso Reale. Im 19. Jahrhundert wurde Livorno zu einem Treffpunkt der Intellektuellen, von deren Präsenz noch heute in manchen Cafés der Altstadt etwas zu spüren ist. An den Wänden des Restaurants Antico Moro sind noch einige Bilder der Macchiaioli, einer toskanischen Künstlergruppe, zu sehen, außerdem bietet es in originellem Dekor eine exzellente Fischküche, und abends wird ein Kaffee-Punsch serviert.

Während die meisten Touristen in Livorno nichts weiter als einen Fährhafen sehen, von dem aus man nach Korsika ausläuft, leidet Pisa unter der großen und zum Teil drückenden Berühmtheit seines Schiefen Turmes: Denn im Gegensatz zu Florenz, wo sich die Besucherströme zwischen vielen Museen und Baudenkmälern verteilen, konzentrieren sich in Pisa die Massen an einem Ort, der Piazza del Duomo mit den beeindruckenden mittelalterlichen Bauwerken. Trotz eines erneuten Aufschwungs im 19. Jahrhundert liegt ein Hauch von vergangener Größe über der Stadt, besonders an den Uferstraßen entlang des Arno, die denen in Florenz nicht an Erhabenheit nachstehen. Glücklicherweise ist diese Melancholie aber nicht immer allgegenwärtig. Im Juni herrscht am Fluss bei einer Art Palio auf dem Wasser reges Treiben, und fast das ganze Jahr pulsiert an der Piazza dei Cavalieri, dem Herzen der Altstadt, jugendliches Leben: Seit 1810 befindet sich in dem prunkvollen Palazzo dei Cavalieri die von Napoleon nach dem Vorbild der Pariser Elite-Universität gegründete Scuola Normale Superiore. Auch an der Piazza Dante geht es lebhaft zu: Hier hat die renommierte Universität von Pisa, die seit dem 12. Jahrhundert besteht und von den Medici gefördert wurde, ihren Sitz. So erhielt sich die Geburtsstadt von Galileo Galilei bis heute zumindest ihre Bedeutung als intellektuelles Zentrum und die Studenten bewahren Pisa vor der seltsamen Atmosphäre jener Orte, die von der eigenen Vergangenheit fast erdrückt werden.

Oben: Das Bild der Via del Fosso in
Lucca bestimmten einst die Färber
bei ihrer Arbeit. Der Kanal und der
Brunnen sind bis heute erhalten
geblieben.

Rechts: Lucca wird immer noch von
den Befestigungswällen aus Backstein
geschützt, die über Jahrhunderte
hinweg Garant für die Unabhängigkeit
der Stadt waren. Heute lädt die
Stadtmauer auch zum Flanieren ein.

LUCCA UND UMGEBUNG

Lucca stellt ein Paradoxon dar, denn obwohl die Stadt aufgrund ihrer Lage zu den bekanntesten Italiens gehören müsste, haftet ihr ganz im Gegenteil eher etwas Geheimnisvolles an. Die Stadt, die sich mit einer im 16. Jahrhundert errichteten Befestigungsanlage ihre Freiheit bewahrte, geriet nie unter die Herrschaft der Medici. Im Mittelalter Rivalin Pisas, war Lucca vier Jahrhunderte lang eine unabhängige Republik. Napoleon schließlich erhob es zum Fürstentum, um seine Schwester Elisa Bonaparte, verheiratete Bacciochi, als Regentin einzusetzen. Nicht zuletzt seiner Geschichte wegen lohnt sich ein Spaziergang durch Lucca, denn nur wenige andere Städte wussten so hervorragend das antike Stadtbild fortzuführen. Die Plätze und Straßen der Stadt sind größtenteils noch so angeordnet wie vor zweitausend Jahren. Die herrliche Kirche San Michele in Foro öffnet sich auf das antike Forum; die Piazza del Mercato nahm den elliptischen Grundriss des ehemaligen Amphitheaters an; die lebhafte Via Fillungo, in der zahlreiche Geschäfte noch das Dekor vom Beginn des 20. Jahrhunderts aufweisen, verläuft dort, wo sich in der Römerzeit der *cardo,* die Nord-Süd-Achse, befand.

Aber Lucca wirkt dennoch nicht wie eine archäologische Stätte: Mittelalterliche Bauwerke, Renaissance-Paläste oder Palazzi des 17. Jahrhunderts sowie architektonische Überbleibsel der Napoleonischen Ära fügen sich zu einem harmonischen Ganzen, in dem selbst die schlichtesten Wohnhäuser zur allgemeinen Eleganz beitragen. Man sollte einen Abstecher in die stimmungsvolle Via del Fosso mit ihrem beschaulichen Kanal machen. Man befindet sich hier in dem ehemaligen Viertel der Färber, das immer noch sehr volkstümlich wirkt.

Die Befestigungswälle, die anderenorts oft geschleift wurden, verwandelte man in Lucca in einen wohltuenden öffentlichen Park, von dem aus es nicht weit zu den Cafés und Restaurants ist – darunter so berühmte Lokalitäten wie das Antico Caffè delle Mura –, die den Gast mit den Spezialitäten der Stadt verwöhnen. Musikliebhaber werden vielleicht dem Geburtshaus Giacomo Puccinis, heute ein Museum, einen Besuch abstatten wollen, doch mein bevorzugtes Ziel ist und bleibt der Dom: Das hier befindliche Grabmal der Ilaria del Carretto wurde von Jacopo della Quercia geschaffen, und die Perfektion der Skulptur aus Carrara-Marmor vermittelt einen Eindruck von zerbrechlicher Ewigkeit.

Oben: Während in anderen Gegenden Italiens die Bauwerke oft in sehr lebendigen Farben gehalten sind, herrschen in Lucca – wie in der gesamten Toskana – zurückhaltende Töne vor. Ihre Eleganz steht im Einklang mit den Farben der Steine.

Folgende Doppelseite: Die Piazza del Mercato in Lucca fügt sich ganz natürlich in die elliptische Form des einstigen römischen Amphitheaters. Nur einige antike Außenarkaden blieben zwischen den meist einfachen Wohnhäusern erhalten.

Oben: Dieses Labyrinth in der Fassade des Doms in Lucca soll an Schicksalsschläge erinnern, die der Mensch auf dem Weg zum Seelenheil erleiden muss.

Rechts: Die Fassade des Doms in Lucca lässt an die der Kirchen in Pisa denken, der großen Rivalin während des 12. Jahrhunderts. Der Marmor, mit dem sie verkleidet wurde, stammt aus den Marmorbrüchen bei Carrara. Diese Pracht ist heute das sichtbarste Zeichen für die Macht und den Prunk der einstigen Stadtstaaten.

In Pietrasanta scheint der Geist von Michelangelo noch präsent. Diese vielen Marmorblöcke aus der Gegend von Carrara zeugen von der Vielfalt des kostbaren Gesteins, das an einigen Stellen schon vollständig abgebaut wurde.

IM LAND DES MARMORS

Um das Gebiet im Nordwesten Luccas – die Küstenebene Versilia mit beliebten Stränden wie Viareggio oder Forte dei Marmi, die Städte Massa und Carrara sowie das Massiv der Apuanischen Alpen – wurden im Laufe der Jahrhunderte schon viele erbitterte Kämpfe ausgefochten. Der Reisende, der im Hochsommer von der ligurischen Küste her die Toskana erreicht, wird von dem Anblick der schneebedeckt wirkenden Gipfel und Hänge der zerklüfteten Berge nicht wenig überrascht sein. Doch der Mensch hat den Bergen dieses Gesicht verliehen, indem er schon seit zweitausend Jahren immer tiefere Klüfte schlägt, um den kostbaren Marmor herauszuschneiden. Es ist heute nur schwer vorstellbar, wie hart diese Arbeit in den hoch gelegenen Marmorbrüchen vor der Erfindung arbeitserleichternder Maschinen war. Nicht ohne Grund waren Massa und Carrara historische Bastionen radikaler Anarchisten. Als mühsam errungene Kompromisslösung erstreckt sich heute ein Naturpark über einen weiten Teil der Apuanischen Alpen, deren höchste Gipfel über 1800 Meter erreichen. Besonders beeindruckend sind die Marmorbrüche an den Hängen des Monte Altissimo oder am Monte Corchia. Ab und an sieht man noch Teile jener Holzleitern, mit deren

Hilfe man die riesigen Marmorblöcke bis in die Ebene hinunterzerrte. Abgesehen von den Marmorbrüchen wirkt die Landschaft beinahe unberührt. An einem richtig heißen Sommertag sollten Sie sich bei einem Bad im Frigido erfrischen, dessen Quelle nahe Forno entspringt: Die Strudel haben mit der Zeit wahre Marmorbecken in das Flussbett gegraben.

In Serravezza und insbesondere in Pietrasanta, im Hinterland der Versilia, verspürt man noch den Geist Michelangelos, doch auch in der gesamten Region leben mehr als tausend Werkstätten von der Marmorbearbeitung. Pietrasanta, im 13. Jahrhundert von Lucca gegründet, ist ein hübscher Ort mit einem mittelalterlichen Stadtbild sowie einem Dom mit einer schönen marmornen Fassade. Der zugehörige Campanile blieb dagegen unvollendet: Sein rohes Backsteinmauerwerk mutet fast schon modern an. Vielleicht haben Sie das Glück, einen Blick ins Innere werfen zu können, um die Wendeltreppe, die weltweit nur ein Gegenstück besitzt, zu bewundern. Die schwere Backsteinkonstruktion ist eine ständige Herausforderung der Gesetze des Gleichgewichts. Berühmte Bildhauer aus aller Welt geben sich in Pietrasanta ein Stelldichein – Henry Moore kam oft hierher – und auf der Terrasse der Bar Michelangelo an der zentralen Piazza stehen die Chancen für ein Treffen gut.

Ganz oben: Straßenlaternen entlang der Uferpromenade am Arno vor dem berühmten Ponte Vecchio: Florenz ist eine Stadt von nüchterner Eleganz.

Oben: Die Kuppel des Doms überragt das Schachbrett der engen mittelalterlichen Sträßchen. Florenz birgt noch heute manch stillen, geheimnisvollen Winkel.

ZURÜCK ÜBER FLORENZ

Wenn man sich Florenz nähert, versperren Vororte die früher so klare Sicht auf die Kuppel des Doms. Am besten begibt man sich also in das höher gelegene Castello oder Fiesole, um einen ersten Eindruck von der toskanischen Hauptstadt zu gewinnen. Aus der sich horizontal statt vertikal ausdehnenden Stadt treten, von oben betrachtet, der Turm des Palazzo della Signoria sowie die Kuppel und der Campanile von Santa Maria del Fiore deutlich hervor. Im Mittelalter muss sich ein gänzlich anderes Bild geboten haben, denn der nach der Entwicklung der Artillerie aus verteidigungstechnischen Gründen erfolgte Abriss der Geschlechtertürme veränderte das Erscheinungsbild grundlegend. Das berühmte Florenz, fast das ganze Jahr über Ziel einer nahezu permanenten Touristeninvasion, ist verglichen mit anderen italienischen Großstädten in Wahrheit eine eher verschlossene Stadt, und selbst in seinem historischen Stadtkern stößt man noch auf Orte wie die Piazza Santissima Annunziata, auf die sich kaum ein Besucher verirrt. Das gilt sogar für das Viertel Santa Croce, trotz seiner gleichnamigen bedeutenden Basilika, die bedeutenden florentinischen Persönlichkeiten als Pantheon dient. Hier gibt es auch einige bei Einheimischen sehr beliebte Restaurants wie die Enoteca Pinchiorri oder das Cibreo, um nur zwei zu nennen. Jeden Morgen wird auf der kleinen Piazza San Piero ein lebhafter, farbenfroher Straßenmarkt abgehalten und auf dem Mercato Sant' Ambrogio finden sich wie eh und je die Bauern der Umgebung mit ihren Karren ein. In diesem Teil der Stadt wird man am ehesten noch auf einen der Verkäufer von *lampredotti* – mit Kutteln belegte Sandwiches – treffen, die früher überall in den Straßen von Florenz unterwegs waren.

Um auf der anderen Seite des Arno dasselbe ursprüngliche Stadtleben zu genießen, braucht man nur einen Bogen um den überlaufenen Palazzo Pitti und die Via dei Guicciardini zu machen, die ihn mit dem Ponte Vecchio verbinden. Die Ruhe verwundert, denn das Viertel Oltrarno hat so viel zu bieten: die Fresken von Masaccio in der Kirche Santa Maria del Carmine, die schöne Architektur der Kirche Santo Spirito, die Antiquitätengeschäfte mit ihren Kostbarkeiten in der Via Maggio und die Werkstätten der Kunsthandwerker, die sich ganz der Tradition der alten Zünfte verschrieben haben, zum Beispiel der Antico Setificio Fiorentino, eine Seidenweberei bei San Frediano.

Oben: Es ist immer wieder ein ergreifendes Gefühl, wenn sich von Fiesole aus Florenz in seiner gesamten Pracht vor dem Betrachter ausbreitet. Dunst liegt über der Ebene, doch die monumentalen Bauwerke durchbrechen den Schleier – wie Wachposten überragen die Kuppel von Filippo Brunelleschi und der Campanile von Giotto die Stadt.

Folgende Doppelseite: Der Ponte Vecchio über dem Arno ist ein ebenso bekanntes Wahrzeichen wie der Schiefe Turm von Pisa. Gesäumt wird die Brücke von Goldschmuck- und Juwelierläden und gekrönt wird sie von dem Korridor, der die Uffizien mit dem Palazzo Pitti verbindet; er beherbergt Hunderte von Kunstwerken.

Einen Besuch der berühmten Baudenkmäler und Museen sollte man auf Januar oder Februar legen, wahrscheinlich die einzigen Monate im Jahr, zu denen man die Kunstwerke überhaupt betrachten kann. Der Historiker Sergio Romano stellt fest, dass es auf die Frage, womit eine Besichtigung von Florenz zu beginnen ist, keine allgemein gültige Antwort gibt. Den Schriftsteller Julien Green führte sein Weg stets zu allererst in den Konvent San Marco mit den Fresken von Fra Angelico. Bernard Berenson, der renommierte Kunsthistoriker des 20. Jahrhunderts, verehrte das außergewöhnliche Gemälde des heiligen Augustinus von Sandro Botticelli in der Kirche Ognissanti. Man kann es fast immer völlig ungestört betrachten, obwohl das Gotteshaus mitten im Zentrum liegt.

Wenn man nicht gebürtiger Florentiner ist, muss man erst seinen eigenen Schlüssel zu der Seele dieser Stadt finden. Unter Florenz liegt noch heute ein geheimnisvolles Netz von Tunnelverbindungen, die denselben Zweck erfüllten wie einst die Übergänge, die die einzelnen Turm-

spitzen miteinander verbanden. Lange Zeit war der Campanile von Giotto nur über einen Holzsteg vom Dom aus zugänglich, und ein weiterer Steg ermöglichte es den Bischöfen, unbehelligt von den Menschenmengen von ihrem Palast in das Baptisterium zu gelangen. Cosimo I. ließ den über tausend Meter langen Corridoio Vasariano anlegen, der den Palazzo Vecchio mit dem Palazzo Pitti auf der anderen Seite des Arno verbindet – als Fortbewegungsmittel setzte man speziell entwickelte Wägelchen ein, die von Maultieren gezogen wurden. Inzwischen ist er nach langen Restaurierungsarbeiten an den dort befindlichen Kunstwerken endlich wieder der Öffentlichkeit zugänglich.

Obwohl man in Florenz Klarheit und Ausgewogenheit liebt, erhielt sich die Stadt auch ihre geheimnisvolle Seite. Die breiten Verkehrsachsen wurden im 19. Jahrhundert auf Kosten der alten Stadtviertel gewaltsam geschaffen, eine von den Piemontesen eingeführte Stadtplanung *à la française*, die glücklicherweise nach dem Umzug der Hauptstadt nicht auch auf Rom übertragen wurde. Es wird immer Besucher geben, denen Florenz nicht sinnlich genug erscheint, und andere, denen die Stadt trotz allem zu vergeistigt ist. Théophile Gautier hielt in seinem Buch *Voyage en Italie* den tristen Eindruck, den Florenz auf ihn machte, fest: »Die hohen Häuser mit den düsteren Fassaden entsprechen keineswegs dem hellen, heiteren Bild des Südens, das man hier erwartet.« Gerechterweise muss gesagt werden, dass »streng« eine treffendere Beschreibung für die Nüchternheit der grauen und ockerfarbenen Fassaden wäre, die bei Sonnenuntergang aber wie mit Goldstaub überpudert wirken. Die als unnachgiebig und undankbar bekannte Stadt – eine Erfahrung, die schon der Mönch Savonarola, Dante, Leonardo da Vinci und Michelangelo, jeder zu seiner Zeit, machen durften – ist eine stolze Stadt, die sich von Verständnislosigkeit nicht beirren lässt. Und dennoch, wer sich nach und nach von der Seele dieser Stadt erobern lässt, wird es nicht bereuen. Nur wenige Fremde können sich rühmen, Florenz wirklich zu kennen. Aber wer dort einmal war, wird immer wieder zurückkehren wollen in die Stadt mit den herrlichen Ausblicken, den »Zimmern mit Aussicht« entlang des Arno, den engen, schattigen Straßen, den Caféterrassen und den schönen Innenhöfen der Palazzi. Florenz verändert sich ständig, und es ist, wie Bernard Comment schrieb, eine der wenigen Städte der Welt, die fähig sind, »einem vielleicht das Gefühl zu vermitteln, sie beherrschten die Zeit, sie seien unvergänglich«.

Linke Seite, oben: Der Palazzo
degli Uffizi.

Links: Die Piazza della Signoria mit
dem Neptun-Brunnen und dem
Reiterstandbild von Cosimo I.

Oben: Diese Statue ist ebenso wie
der kleine Brunnen ein schönes
Beispiel für das elegante Florenz.

Oben: Der Kirchturm der Pieve di Santa Maria mit den fünf Stockwerken, genannt der Turm der hundert Löcher, ist ein Wahrzeichen der Stadt Arezzo.

Rechts: Die Apsis der Kirche richtet sich zur eindrucksvollen Piazza Grande. Die Arkaden um den Platz wurden von Vasari geschaffen, der in dieser Stadt geboren wurde. Man bereitet sich auf den Antiquitätenmarkt vor, zu dem Händler aus ganz Europa angereist sind.

DIE ETRUSKISCHEN STÄDTE
AREZZO UND CORTONA

Wenn wir auf dem Weg zurück zu unserem Ausgangspunkt Montepulciano das erhabene Florenz hinter uns lassen, erwarten uns noch zwei weitere Glanzlichter. Als Erstes ist Arezzo zu nennen, das noch heute von seinen alten Befestigungsmauern umgeben ist. Die Stadt ist um die zentrale Piazza Grande herum angelegt, die sich einmal im Jahr, Ende August, in eine große Arena verwandelt, auf der ein mittelalterliches Turnier ausgetragen wird. Hier hat man auch die berühmte etruskische Chimäre gefunden, die das Glanzstück des archäologischen Museums in Florenz ist. Die Tatsache allein, dass Francesco Petrarca und Giorgio Vasari Söhne dieser Stadt sind, hätte genügt, um Arezzo in die Geschichte eingehen zu lassen, doch zu Berühmtheit gelangte es in erster Linie aufgrund der Spuren eines Genies der Renaissance: Piero della Francesca, der im weniger als vierzig Kilometer entfernten Sansepolcro geboren wurde. Für die Kirche San Francesco schuf er einen Freskenzyklus über die Kreuzlegende: beginnend mit dem Tod Adams, aus dessen Mund der Baum wuchs, dessen Holz später zur Fertigung des Kreuzes Jesu dienen sollte, bis hin zu der Entdeckung der Reliquie durch die Kaiserin Helena. Der Kunsthistoriker Berenson stellt den Zyklus auf eine Stufe mit dem Bilderfries des Parthenon auf der Akropolis von Athen.

Genau an der Grenze der Toskana zu Umbrien schmiegt sich Cortona an den Hang eines schroffen Hügels. Nicht weit entfernt liegt der Trasimenische See, an dem Hannibal im Mai 217 die römischen Legionen vernichtete. Das Städtchen Cortona ist auch etruskischen Ursprungs und brachte bis in das 20. Jahrhundert hinein zahlreiche Künstler hervor, wie Pietro da Cortona oder Gino Severini. Es hat viele Gemeinsamkeiten mit Montepulciano, auf der anderen Seite der in Dunst gehüllten Val di Chiana. In Cortona sollten Sie unbedingt die *Verkündigung* von Fra Angelico im Diözesanmuseum aufsuchen: Sie ist der Inbegriff toskanischer Harmonie.

Oben: Zum Palazzo Comunale in Cortona führt eine prachtvolle Treppe. Seit der Antike bildet dieser Platz das Stadtzentrum.

Links: Außerhalb von Cortona erhebt sich in der Ebene der Val di Chiana die herrliche Renaissance-Kirche Madonna del Calcinaio.

GÄRTEN IN DER TOSKANA

Die ländlichen und die aristokratischen Gärten der
Toskana stellen eine bezaubernde Welt für sich dar.
Üppige grüne Oasen mit Brunnen und Skulpturen
laden dazu ein, in der Sommerhitze Kühle und Schatten
zu genießen.

Die wahre Heimat der Villa ist die Toskana, mehr noch als Venetien – trotz der herrlichen Bauten des Baumeisters Andrea Palladio – oder die Gegend von Rom, trotz Frascati oder Castel Gandolfo. Schon im 14. Jahrhundert gab es im Umland von Florenz unzählige Villen, und mit der Blüte der Renaissance festigte sich ihre Bedeutung im toskanischen Leben: Lorenzo il Magnifico verbrachte einen Großteil seiner Jugend in Caffagiolo und starb in seinem Landhaus in Careggi, wo sein enger Freund, der Philosoph Marsilio Ficino, die neoplatonische Akademie leitete. Noch heute kann man sich bei einem Besuch der Villa La Petraia und der in Poggio a Caiano, beide von den Medici geschaffen, sowie der Villa Gamberaia von den Glanzzeiten der florentinischen Landhäuser ein farbenprächtiges Bild machen.

Doch auch im Umland der Städte Siena und Pisa sowie in der Gegend von Lucca stehen wunderschöne Landsitze wie Torrigiani oder Mansi. Im

Laufe des 19. Jahrhunderts veränderten sich viele Grünanlagen unter dem Einfluss des Klassizismus und dann der Romantik – besonders der Neugotik – zum englischen Garten hin. Paradoxerweise sollten später oft Engländer an einem Wiederaufleben des italienischen Gartens beteiligt sein, so auch Harold Acton, der zu Beginn des 20. Jahrhunderts die Villa La Pietra bei Florenz erwarb.

Die feudalen toskanischen Villen, die sowohl als ein Symbol für die enge Verbindung zwischen Stadt und Land verstanden werden dürfen, wie auch als Ausdruck der Raffinesse und Kultur jener Zeit, waren gewiss nur das Privileg einer kleinen Minderheit. Einige jener historischen Villen sind immer noch in Privatbesitz, oft Eigentum alter toskanischer Familien; weitere sind in Staatsbesitz übergegangen, und wiederum andere sind heute der Forschung und Wissenschaft gewidmet. Im folgenden werden einige besonders anziehende Villen mit ihren Gärten vorgestellt.

Vorhergehende Doppelseite: In Celsa bei Siena. Im Schatten majestätischer immergrüner Eichen spiegelt sich eine steinerne Brüstung in der stillen Wasserfläche eines Bassins.

Oben: Eine gewisse Ähnlichkeit mit Versailles lässt sich nicht bestreiten. Doch die Komposition des Gartens der Villa Torrigiani bei Lucca unterstreicht die Intimität des Ortes ebenso wie seine Erhabenheit.

Oben: Das in die Pflanzenwelt eingebettete Amphitheater hinter dem Palazzo Pitti wird von Skulpturen bevölkert: ein geschickter Kunstgriff, um den Hügel, der zu dieser Seite die Aussicht versperrt, zu adeln.

Rechte Seite: Der weitläufigste Palast in Florenz, der Palazzo Pitti, war fast drei Jahrhunderte lang Sitz der Großherzöge. Sein Bau zog sich über zweihundert Jahre hin, doch blieb man dem architektonischen Entwurf von Bartolomeo Ammannati treu. Auch an der Gestaltung der Brunnen und Gärten war er beteiligt, die dem Palast etwas von seiner Strenge nehmen.

DIE GÄRTEN DER MEDICI

Die Medici schufen sich in Florenz und in der Umgebung während ihrer Herrschaft zahlreiche Refugien und Oasen der Ruhe. Diese Villen haben sich größtenteils bis heute erhalten, und wenn der Weg zu ihnen auch oft nicht einfach zu finden ist, so wird die Mühe des Besuchers doch am Ende reich belohnt. Manche, insbesondere die Renaissance-Villen Castello und La Petraia in der kleinen Stadt Castello sowie die Villa di Poggio a Caiano westlich von Florenz, sind teilweise der Öffentlichkeit zugänglich. Den Park der Villa Castello schmückt eine beeindruckende Grotte mit täuschend echt wirkenden Tierskulpturen. Das Gebäude selbst ist nicht zu besichtigen, denn es beherbergt die Accademia della Crusca per la Lingua Italiana, die bereits seit Jahrhunderten über die Reinheit der italienischen Sprache wacht. Weitere Villen der Medici sind heute in Privatbesitz und können nur auf Vereinbarung besichtigt werden. Unsere Route führt uns zu der beschaulichen, geschichtsträchtigen Villa Medici in Fiesole, unweit von Florenz gelegen und in die weniger bekannten Teile des bezaubernden Giardino di Boboli in Florenz.

Die Villa Medici in Fiesole

Das hoch gelegene Fiesole wird zu Recht für seine Aussicht auf Florenz gerühmt. Es ist also nicht erstaunlich, dass sich die Medici entschieden, hier an den Hängen die erste Villa zu bauen, die ganz dem neuen Geiste entsprach, frei von dem mittelalterlichen Erbe. Der Humanist Giovanni de' Medici, Sohn von Cosimo dem Älteren, ließ sie zwischen 1451 und 1457 errichten. Er war dem bedeutenden Architekturtheoretiker Leon Battista Alberti sehr eng verbunden, weshalb die Pläne der ursprünglichen Villa, die vermutlich auf Michelozzo zurückgehen, voll und ganz seinen Lehrsätzen zu entsprechen scheinen. Als Lorenzo il Magnifico das Anwesen erbte, machte er es gleich seiner Villa in Careggi zu einem Treffpunkt und Aufenthaltsort der großen Schriftsteller seiner Zeit. Hier in Fiesole schuf Poliziano seine berühmte Pastoraldichtung *Rusticus*, eine Hommage an Vergil, und hier schrieb der Humanist Cristoforo Landino seine Kommentare zu Dante. Die Villa blieb bis zum Jahr 1671 im Besitz der Medici und wechselte dann häufig den Eigentümer, bis sie letztendlich zu einer Hochburg der englischen Gemeinde in Florenz wurde. Die Schwägerin von Horace Walpole kaufte sie 1772 und unterzog Residenz und Garten grundlegenden Veränderungen. Im 20. Jahrhundert wurde erneut umgebaut, diesmal unter den Eltern der Schriftstellerin Iris Origo, die in einer autobiografischen Erzählung, *Goldene Schatten*, von ihrer Kindheit in Fiesole berichtet. Es herrschte eine anregende kosmopolitische Atmosphäre, geprägt von Offenheit und Toleranz sowie der Liebe zu Kunst und Kultur. Jeder der englisch-amerikanischen Gemeinschaft in Florenz von Rang und Namen, darunter Berenson und Geoffrey Scott, ging in der Villa ein und aus. Zu dieser Zeit gestaltete der Architekt Cecil Pinsent einen Bereich des Gartens wieder nach dem Vorbild des Quattrocento um und setzte ein entscheidendes Zeichen für die Rückkehr zum italienischen Garten, eine Mode, die über den gesamten Zeitraum zwischen den beiden Weltkriegen andauerte. Die jetzigen Eigentümer bemühen sich, das schöne Anwesen mit den menschlichen Dimensionen zu erhalten, dessen ursprünglicher Entwurf trotz der fortwährenden Veränderungen nicht verloren ging. Besonders hübsch ist der Blick auf Florenz von einem kleinen Belvedere aus dem 18. Jahrhundert.

Linke Seite, oben: Das Anwesen der Villa Medici in Fiesole breitet sich in Terrassen am Hang aus.

Links: Unter dem Medaillon eines Medici-Papstes bietet eine Bank aus dem 18. Jahrhundert ein sonniges Plätzchen.

Ganz oben: Die Skulptur scheint sich schüchtern zu verbergen.

Oben: Eine Einladung zum Müßiggang.

Giardino di Boboli

Eine Welt für sich stellen die Boboli-Gärten dar, die sich hinter dem Palazzo Pitti über einen ganzen Hügel erstrecken. Nicht selten drehen von Sommerhitze und Staub erschöpfte Besucher schon nach den ersten Steigungen um. Lange Zeit war die Gartenanlage ohne festes Konzept verwaltet worden, bis nun vor kurzem ein durchdachtes Programm für eine Aufwertung der Anlage aufgestellt wurde. Der Garten hält für den Besucher mit Muße unzählige Überraschungen bereit, wie beispielsweise den geheimen Garten rechts neben dem Eingang, der aufgeschüttet wurde, um auf gleicher Höhe mit den Palastgemächern zu sein. Nicht viel breiter als ein Korridor präsentiert er sich besonders im März in voller Pracht, wenn seine Magnolien in Blüte stehen.

Der Giardino del Cavaliere aus dem 18. Jahrhundert bietet eine herrliche Aussicht auf die umliegende grüne Hügellandschaft mit den Villen. Das originale Ornament der Rabatten blieb erhalten, nur zwischen den Buchsbaumbordüren wachsen gelegentlich Rosen. Ab April bietet sich ein farbenfrohes Schauspiel. Die Allee entlang der mittelalterlichen Befestigungsmauer lockt nicht mit spektakulären Ausblicken, sondern mit besinnlicher Ruhe und der Fontana dei Mostarcini, einem langen, mit grotesken Skulpturen gesäumten Kanal, der stufenförmig nach unten führt. Eine monumentale Jupiter-Skulptur von Giambologna dient als Orientierungshilfe, um diesen abgelegenen Teil des Gartens zu finden.

Auch die Orangerie gegenüber der Skulptur ist sehenswert: Sie wurde im 18. Jahrhundert unter der lothringischen Herrschaft in der Toskana errichtet und soll das einzige florentinische Bauwerk sein, das noch seinen Originalanstrich aufweist. Das von einer schönen Patina überzogene Pastellgrün wird sorgfältig erhalten und erinnert daran, dass die Stadt einst einen weitaus weniger nüchternen Anblick bot, bevor sie im 19. Jahrhundert aus dem Purismus der Neo-Renaissance heraus ihrer Farben beraubt wurde. Für gewöhnlich ist die Orangerie nicht zugänglich, und man muss sich mit einem Blick durch das schmiedeeiserne Gitter begnügen. Die Sammlung Tausender von Zitruspflanzen, die in ihrem Inneren überwintern, ist die größte in Europa und geht noch auf die Dynastie der Medici zurück; viele Setzlinge stammen von diesen alten Gewächsen ab.

Linke Seite: Ein geheimer Garten vor
den Gemächern des Palazzo Pitti.
Am Ende des Winters begrüßt er die
Frühlingssonne mit den farbenpräch-
tigen Blüten seiner Magnolien.

Links: Ein kleiner Brunnen ziert den
geheimen Garten des Palazzo Pitti,
und die Magnolienblüten heben sich
schön vor der Patina der Fassade ab.

Oben: Die Orangerie der Medici ist
die älteste in ganz Europa: Keine
andere beherbergt so viele seltene
Zitruspflanzen.

Oben: Die Fontana dei Mostarcini in den Boboli-Gärten. Das Wasser aus den Mündern steinerner oder bronzener Ungeheuer sprudeln zu lassen, war äußerst beliebt.

Rechts: Ein hübsches schmiedeeisernes Tor am Ende einer Buchsbaumallee gibt den Weg zu dem Wasserbassin im Garten von Celsa bei Siena frei. Die gelungene Komposition ist charakteristisch für die Raffinesse des 18. Jahrhunderts.

SIENESER GÄRTEN

Bevor Siena unter florentinische Herrschaft geriet, hatte sich dort der Geist der Renaissance, verkörpert durch die Werke des großen Baumeisters Baldassare Peruzzi, ausgebreitet, und viele mittelalterliche Wohnsitze waren zu heiteren Prunkbauten umgestaltet worden. Heute wie damals befinden sich die Sieneser Gärten in wunderbarem Einklang mit der umliegenden Landschaft. Während die meisten Gärten noch heute private Anwesen und somit nicht zugänglich sind, gehören die drei folgenden, sehr unterschiedlichen Anlagen der Öffentlichkeit.

Die Veilchen von Celsa

Im Westen von Siena erheben sich die Gipfel des Monte Maggio und der Montagnola. Eine schmale, gewundene Straße führt durch die Hügellandschaft, und fern von jedem Dorf wirkt Celsa auf den Ankommenden wie eine Burg: Der massive Bau, dominiert von einem zinnenbewehrten Turm, hat auf den ersten Blick nur wenig mit einem Lustschloss gemein. Das Bauwerk war ursprünglich als mittelalterliche Festung von der Familie Celsi gebaut worden, die während der Renaissance ein erstes Mal umgestaltet, und dann, Ende des 19. Jahrhunderts, dem neugotischen Stil der Epoche angepasst wurde. Anlässlich der letzten Umbauten hat man den vorhandenen Turm aufgestockt und wieder mit Zinnen versehen, zusätzliche gotische Fenster geschaffen und dem Park die ihn noch heute kennzeichnende romantische Note verliehen. Die Erbin Livia Aldobrandini und ihr Mann Giancarlo Pediconi scheuten keine Mühen, um dem Anwesen wieder zu neuem Glanz zu verhelfen. Ihr Augenmerk galt besonders der Wiederherstellung des italienischen Gartens unterhalb des Schlosses. So zieren heute wieder Buchsbaumornamente die stufenförmigen Terrassen des Hanges, die besonders vom Haus aus sehr dekorativ wirken. Zwischen den nächstgelegenen Hügeln öffnet sich eine breite Schneise, so dass man vom Garten aus in der Ferne die Glockentürme von Siena erahnt. Wären da nicht die Strommasten, könnte man sagen, die Landschaft habe sich seit der Renaissance nicht verändert, und selbst die verstreut liegenden Bauernhäuser wecken das Interesse durch ihren eleganten Grundriss oder ein kleines architektonisches Detail.

Oben: In manchen Teilen des Parks
von Celsa herrscht ein romantischer
Geist, wie hier im Schatten der Laub-
bäume hinter dem Wasserbecken.
Im Frühling bedeckt ein Teppich aus
Veilchen den Boden.

Links: Die Terrasse unterhalb des
Schlosses von Celsa: Hinter den
Arabesken aus Buchsbaum breitet
sich die herrliche sienesische
Hügellandschaft aus und bietet
einen reizvollen Ausblick.

Umrundet man dagegen das Schloss zur anderen Seite, bietet sich nach Osten ein völlig anderer Ausblick: Eine Buchsbaumallee geleitet durch die hügelige Landschaft bis zu dem kunstvollen schmiedeeisernen Tor, durch das man zu einem großen halbkreisförmigen Wasserbecken gelangt, über dem Skulpturen und uralte Steineichen wachen. Der Charme dieser Komposition aus dem 18. Jahrhundert beruht auf ihrer heiteren Ausgewogenheit, auf dem Kontrast zwischen einer lieblichen Natur, die weder ganz ursprünglich blieb noch völlig vom Menschen unterworfen wurde, und dem unnahbaren Schloss, das sich zu dieser Seite ganz in gotischer Strenge zeigt.

Die Wälder rings um das Wasserbecken sind von prächtigen Alleen durchzogen, die einmal zu einem kleinen Oratorium führen und an anderer Stelle zu einem halb verfallenen Turm, an dem man einst auf Vogeljagd ging. An einem schönen Frühlingstag geht Giancarlo mit mir auf Entdeckungstour. Den dicken Teppich aus heruntergefallenem Eichenlaub durchbrechen unzählige Veilchen. An der Einfriedungsmauer angelangt, stoßen wir auf ein Häuschen, das ich zuerst für einen Schuppen halte. Doch die Tür ist zugemauert, bis auf ein kleines Rundfenster in Augenhöhe, das einen Blick ins Innere ermöglicht: Auf weißen, bewusst ungelenk angeordneten Marmortafeln, die durch einfallendes Licht erhellt werden, das durch eine nicht sichtbare Öffnung dringt, steht *MELANCOLIA* geschrieben. Es handelte sich keineswegs um irgendeinen Geräteschuppen, sondern um ein überraschend platziertes zeitgenössisches Werk des Künstlers Vittorio Messina …

Links oben und Mitte oben: Das Schloss von Celsa lässt sich nicht auf eine einzige Epoche festlegen: Der Innerhof ist geprägt vom Geist des Mittelalters und kontrastiert mit der Eleganz der Renaissance-Kapelle, die vermutlich von Baldassare Peruzzi entworfen wurde.

Rechts oben: Der Eingangsportikus entstand im Barock, während man im 19. Jahrhundert aus einer Vorliebe für die Gotik heraus den Hauptturm errichtete.

Cetinale oder die glückselige Buße eines Kardinals

Ein ungepflasterter Weg verbindet Celsa mit der Villa Cetinale, ehemals Eigentum der Chigi, im Herzen der unwegsamen Montagnola. Heute gehört das Anwesen Lord Anthony Lambton, der bereits seit etwa dreißig Jahren um den Erhalt bemüht ist. Die Villa selbst liegt erstaunlicherweise nicht im Zentrum, sondern am Rande des sehenswerten Parks. Sie wurde 1680 von Kardinal Flavio Chigi, Neffe des Papstes Alexander VII., errichtet. Der Entwurf des Gartens folgt einer strengen Symbolik, in der sich Anleihen an die Antike mit Sinnbildern des Christentums mischen oder vielmehr zu ihnen führen. Eine lange Zypressenallee geht in eine in Fels gehauene Treppe über, an deren Ende oben auf der Hügelkuppe ein ungewöhnliches Gebäude steht: Ein überdimensionales Kreuz, ein so genanntes Patriarchenkreuz, wurde in die Fassade eingemauert. Der Kardinal kletterte oft den steilen Kreuzweg hinauf, um für gewisse Verfehlungen Buße zu tun. An dem nüchternen *romitorio*, der Einsiedelei, konnte er den Himmel betrachten und weit entfernt von seiner Villa – Symbol für die Freuden des Lebens – meditieren. Den hoch gelegenen Garten nannte er sein Thebais, in Anlehnung an die frühchristlichen ägyptischen Eremiten. Entlang des Weges stehen verwitterte, von Moos und Flechten überwucherte steinerne Tierskulpturen: Erst bei genauerem Hinsehen erkennt man das riesige steinerne Schneckenhaus, den Panzer einer Schildkröte oder die schuppigen Falten eines Drachen im Unterholz.

In der Nähe der Villa verliert der Garten seinen sakralen Charakter, doch die dort vorherrschende Eleganz wird dennoch von einer schlichten Natürlichkeit beherrscht. In einigen Jahren wird die Zypressenallee verschwunden sein, denn die bereits im letzten Jahrhundert gepflanzten Bäume werden nicht mehr ersetzt, um die ursprüngliche Ansicht wiederherzustellen. Architektonische Elemente wie ein monumentales Backsteinportal mit zwei imposanten Statuen, ein kleines *teatro verde* – ein grünes Heckentheater – unterhalb eines Kalvarienberges und vereinzelt aufgestellte Büsten in antikem Stil strukturierten einst die Gartenanlage, bevor die Zypressen gepflanzt wurden. Die Allee verläuft unterhalb eines Olivenhaines auf halber Höhe des Hanges; darunter erstrecken sich die Lustgärten, die Lord Lambton nach und nach anlegt: Die ersten waren Obstgärten, und demnächst soll der letzte, ein herrlicher Wassergarten, fertig gestellt werden.

Links oben: Barocke Pracht verkörpert die Architektur der Villa Chigi in Cetinale bei Siena. Der Baumeister Carlo Fontana lieferte auch die Pläne für die Fassade des Petersdoms in Rom.

Links unten: Das monumentale Portal in Cetinale ziert die Statue eines gefangenen Königs, Symbol vergangener Macht. Dahinter liegt der Kreuzweg, den sich der Kardinal Chigi anlegen ließ.

Rechte Seite: Zahlreiche steinerne Statuen bevölkern das Anwesen in Cetinale, und ihre reizvolle Patina wird von den blühenden Obstbäumen herrlich in Szene gesetzt.

Oben: Gänseblümchen übersäen den Weg zwischen den Zypressen, der zu dem steilen Kreuzweg führt. Kardinal Chigi zog sich gerne in das ungewöhnliche Gebäude auf der Anhöhe zurück, um zu meditieren. Im Unterholz des bewaldeten Hügels verbergen sich aus Stein gehauene Ungeheuer, die inzwischen schon halb verfallen sind.

Links: Die Gärten in Cetinale:
Statuen und *ars topiaria* an einem
schönen Wintermorgen.

Ganz oben und oben: Die Gärten des ehemaligen Klosters Badia a Coltibuono erstrecken sich entlang der Gebäude. Der Haushund hält seine Siesta unter dem steinernen Brunnen.

Ein Klostergarten

Im Norden von Siena bilden die Colli Senesi und die Hügel des Chianti eine abwechslungsreiche Landschaft, die bei Gaiole in Chianti fast schon gebirgig wird. Es mag kaum erstaunen, dass die Benediktinermönche von Vallombrosa diese abgelegene Gegend wählten, um vor fast tausend Jahren das Kloster Badia a Coltibuono zu errichten. Im Jahre 1811 wurden die Klöster unter der französischen Herrschaft säkularisiert, wodurch Adel und Bürgertum der Toskana die Möglichkeit zur Vergrößerung ihrer Ländereien hatten. Auch das Kloster Badia, bis dahin dem heiligen Lorenz geweiht, ereilte dieses Schicksal wie schon der Rost in dem Wappen ahnen lässt. Die Umgebung ist herrlich, streng, aber doch harmonisch umgrenzt sie das Kloster gleich einer Konche. Wie viele andere Benediktinerklöster weckt der Ort den Eindruck von Abgeschiedenheit und Offenheit zugleich. Die Kirche aus dem 11. Jahrhundert, überragt von einem düsteren Campanile, ist nahezu im Originalzustand erhalten, während andere Gebäude von den nachfolgenden Jahrhunderten geprägt wurden – insbesondere das ehemalige Refektorium, dessen Fresken aus den Jahren 1621–1624 stammen.

Ein Tor öffnet sich auf einen Innenhof, der von den Räumlichkeiten des Abtes und von Nutzgebäuden gesäumt ist. Lichtdurchflutet am Morgen und bei Sonnenuntergang, erscheint er wie der Vorhof zu einer Welt voll Ruhe und Besinnlichkeit. Durch einen Gewölbegang gelangt man zum Garten, einem der Schmuckstücke von Badia. Er wurde nach dem Zweiten Weltkrieg von den Nachfahren der Familie, die das Anwesen 1846 erworben hatte, wiederhergerichtet und erstreckt sich über ein weiträumiges Rechteck, das zur einen Seite von Klostergebäuden gesäumt wird und zur anderen die Talsenke überragt. Eine Pergola trennt das Gelände in zwei Teile, die wiederum in akkurate Bereiche unterteilt sind. Die Wege und Beete sind von strengen Buchsbaumhecken eingefasst, dennoch liegt dem Entwurf keine vollkommene Symmetrie zugrunde, er lässt Platz für ein dezentriert liegendes, halbkreisförmiges Wasserbecken sowie eine Terrasse, die einen der kleinen Hänge dominiert und einen Blick auf die gesamte Anlage gewährt. Der nach Süden ausgerichtete Garten von Badia a Coltibuono, geschützt von den Gebäuden und den Hügelrücken, ist von vorbildhafter Harmonie – ein mit dem Maßband angelegter Mikrokosmos inmitten einer weitgehend unberührten Natur.

Linke Seite, rechts: Das Anwesen liegt inmitten unberührter Natur und hat sich seine Schlichtheit bewahrt. Die strenge Struktur des Gartens wird von den Buchsbaumeinfassungen noch betont. Die Weinranken an der Pergola erinnern daran, dass das Kloster seit Jahrhunderten für seinen exzellenten Wein gerühmt wird, und Gemüse- sowie Kräutergarten liefern die Zutaten für Lorenza de' Medicis Küche

Oben: Badia a Coltibuono dient nicht nur als Familiensitz. Seine Weinberge und die von Lorenza de' Medici geleitete Kochschule sind wohlbekannt. Der Garten ist nicht nur ein Ort der Erholung, denn es kostet viel Mühe, sein makelloses Bild zu erhalten.

Oben: Die Villa des Künstlers Marco Bagnoli in der Nähe von Empoli entstand durch die Erweiterung eines ersten Gebäudes aus dem 18. Jahrhundert. Das Wappen des florentinischen Fürsten Ridolfi blieb erhalten.

VON FLORENZ NACH LUCCA

Ein Künstlergarten in der Heimat des Leonardo da Vinci

Von jeher sind die toskanischen Gärten immer auch Skulpturenmuseen im Freien, eine bis heute gepflegte Tradition, die unter den Medici ihre Glanzzeit hatte. Liebhabern zeitgenössischer Kunst empfehle ich einen Besuch der Sammlung Gori auf dem Anwesen der historischen Villa di Celle bei Pistoia sowie des von Niki de Saint Phalle gestalteten Tarot Gartens im Süden der Toskana. Ich möchte Sie jedoch nun in das Reich von Marco Bagnoli entführen, einem der bedeutendsten Künstler seiner Generation. Der gebürtige Florentiner kehrte nach Jahren in Norditalien erst vor kurzem wieder in die Toskana zurück. Wenige Kilometer hinter Empoli, westlich von Florenz, kaufte er sich eine abgelegene Villa, die auf das 18. Jahrhundert zurückgeht. Direkt hinter dem Industriegebiet von Empoli zieht sich die Straße in Schleifen den Hügel hinauf. Die Landschaft erinnert an die Gemälde Leonardos, dessen Geburtsort Vinci ganz in der Nähe liegt. Da Marco Bagnolis Skulpturen oft überdimensional groß sind, arbeitet er hauptsächlich in seinem Atelier im Industriegebiet von Empoli, doch der Garten seiner Villa ist weitläufig genug, um zahlreichen seiner Werke Platz zu bieten. Als ich ihn besuchte, hatte er gerade eine Serie von Skulpturen aufgestellt, die kurz zuvor in Spanien gezeigt worden waren und zu denen ihn die Legende der sieben Schläfer von Ephesus inspiriert hatte – jene sieben Christen, die lebendig eingemauert wurden und Jahrhunderte später wieder erwachten. Rings um anamorphotische Skulpturen, deren Schatten menschliche Formen annehmen, ritzte er Zeichnungen in den noch feuchten Gips, um die Schlafenden zu symbolisieren, doch ohne deutliche religiöse Bezugnahme. An anderer Stelle fließt aus einer Skulptur mit leisem Rauschen Wasser in ein Bassin, dessen Mittelpunkt sie bildet. Das grüne Museum des Marco Bagnoli ist voller Überraschungen, so ähnelt ein rot angestrichenes Bambusrohr zwischen den Olivenbäumen einem diskreten Wegweiser, und schon der Aufbau des Gartens mit den unterschiedlichen Ebenen sowie pflanzlichen Abgrenzungen zeugt davon, dass die Tradition, nach der Kunst und Natur eine Einheit bilden, noch sehr lebendig ist.

Links: Zwei Statuen inmitten der üppigen Pflanzenpracht des Gartens.

Ganz oben und oben: In einem Pavillon des Anwesens brachte der Künstler eigene Werke unter, beispielsweise die anamorphotischen Darstellungen der Renaissance und des Barock: Bizarre Skulpturen, deren Schatten unter einem bestimmten Beleuchtungswinkel menschlichen Silhouetten ähneln.

Oben: Ein bequemer Gartenstuhl lädt in der Loggia der Villa Torrigiani bei Lucca zu einer Pause ein: toskanische Lebenskunst. Für den Fürsten Santini, der dem Gebäude sein heutiges Antlitz verlieh, leider nur ein Traum, denn er war als Botschafter der Republik Lucca am Hofe des Sonnenkönigs tätig.

Rechte Seite: Die rückwärtige Fassade der Villa Torrigiani ist von strenger Würde, die nur von den Arkaden der Loggia aufgelockert wird. Sie spiegelt sich in dem Wasserbecken des Parks, der in diesem Bereich nach dem Vorbild englischer Gartenanlagen gestaltet wurde.

Gärten in Lucca

An den Hängen um die Ebene von Lucca zeugen gleich mehrere Anwesen von der Lebenskunst bedeutender Familien, die über Jahrhunderte die Geschicke dieser unabhängigen Republik lenkten. Die meisten sind noch heute private Wohnsitze, doch manche öffnen zumindest die Pforten zu ihren Gärten, wie die Villa Reale di Marlia, die ehemalige Residenz von Elisa Bonaparte: Ihr Park gehört zu den schönsten der Toskana, auch aufgrund des prächtigen *teatro verde*. In einigen Fällen, wie bei der wunderschönen Villa Mansi, darf der Besucher jedoch auch in das Innere vordringen.

Meine persönliche Vorliebe gilt der Villa Torrigiani in Camigliano. Ihr Anblick ist umso beeindruckender, da man sie schon von weitem am Ende einer herrlichen Zypressenallee erspäht. Das Schloss und die Gartenanlage bestehen zwar schon seit dem 16. Jahrhundert, ihre Berühmtheit verdanken sie jedoch der ehrgeizigen Umgestaltung durch den Fürsten Nicolao Santini, den Botschafter der Republik Lucca am Hofe Ludwigs XIV. Der Fassade wurde ein deutlich barockes Gesicht verliehen und der Landschaftsarchitekt André Le Nôtre lieferte die Pläne für den Garten – weshalb es nicht verwundert, dass die beiden Wasserbecken vor der Hauptfassade an Versailles erinnern. Alte Urkunden geben Aufschluss über den Umfang der damaligen Veränderungen und die Schönheit der blühenden Gärten. Zu Anfang des 19. Jahrhunderts heiratete die letzte Santini einen Torrigiani, dessen Wappen – ein Turm mit drei Sternen – an den Mauern zu sehen ist. Der wechselnde Zeitgeschmack führte schließlich dazu, dass er in weiten Teilen in einen Garten nach englischem Vorbild umgestaltet wurde.

Das *teatro verde* und der Garten des Nymphäums jedoch entsprechen immer noch dem Entwurf von Le Nôtre. Die heutigen Eigentümer – der Zweig der Colonna, der die Torrigiani beerbte – öffneten die Grünanlage ebenso wie das Erdgeschoss der Villa mit Fresken aus dem 17. Jahrhundert für Besichtigungen. Das Anwesen von Torrigiani hat nicht an Charme verloren: Die Villa verbindet Intimität mit Erhabenheit, spielt mit dem Kontrast zwischen der akkuraten, hohen Zypressenallee und der verschwenderisch prunkvollen Fassade, den weiten Rasenflächen im englischen Stil und dem Garten von Le Nôtre, in dem der streng geometrische Aufbau von zahlreichen verspielten Elementen aufgelockert wird.

Ganz oben und oben: Eine antike
Gottheit scheint aus dem Muschelwerk
einer Grotte hervorzutreten und ein
steinerner Adler wacht über die von
André Le Nôtre entworfenen Gärten.

Linke Seite und rechts: Die vielen Sitz-
gelegenheiten in der Loggia deuten
darauf hin, dass die Villa allem voran
dem Familienleben gewidmet ist.

Oben: Die Gärten in La Foce, südlich von Pienza, wurden erst zwischen den beiden Weltkriegen angelegt. Als geistiges Vorbild dienten allerdings die fürstlichen toskanischen Villengärten des 17. Jahrhunderts.

Rechte Seite: Der englische Architekt Cecil Pinsent war einer der ersten, der den italienischen Garten wieder aufleben ließ. In La Foce schuf er mit dem üppigen Grün seiner geometrischen Gartenplanung einen gelungenen Kontrast zur herben Hintergrundlandschaft.

AN DER GRENZE DER TOSKANA ZU UMBRIEN

La Foce oder die Wiedergeburt des italienischen Gartens bei Pienza
Ab dem 18. Jahrhundert und insbesondere im 19. Jahrhundert übte die Toskana – einerseits durch ihre interessante Geschichte, andererseits durch ihre abwechslungsreiche Landschaft – eine große Anziehungskraft auf außergewöhnliche Persönlichkeiten aus, die dort auch ihre Spuren hinterlassen wollten. Für viele Engländer, und später auch für Amerikaner, wurde die Toskana eine Wahlheimat. Erstere sind bekanntlich leidenschaftliche Gärtner, doch anstatt ihren englischen Garten in die Toskana zu verpflanzen, bemühten sie sich vielmehr, den Geist der florentinischen Renaissance neu zu beleben. Das Ergebnis war oft strenger und weniger floral als die Vorbilder, spiegelte aber immer die Verehrung jener Kunstliebhaber oder Gelehrten für eine einzigartige Epoche in der Geschichte der westlichen Welt wider. Außergewöhnliche Beispiele für diesen Geist sind in Florenz die Villa La Pietra von Sir Harold Acton sowie die Villa I Tatti von Bernard Berenson. Sie blieben unverändert erhalten und dienen heute der Wissenschaft, denn La Pietra wurde der New York University vermacht und I Tatti der Universität von Harvard – die umfangreichen Bibliotheken sowie die ruhigen Gärten machen sie zu einem idealen Ort für die Historiker, denen jedes Jahr das Privileg eines Aufenthaltes zukommt.

Der englische Architekt Cecil Pinsent entwarf zwischen den beiden Weltkriegen nicht nur den Garten der Villa I Tatti, sondern auch die Grünanlage der Villa La Foce. Das herrliche Anwesen überrascht stets aufs Neue, denn man rechnet in der Gegend der Val d'Orcia und der kahlen Hügellandschaft nicht mit einem derartigen Park. Ursprünglich befand sich hier nur eine größere Länderei, die einst zu dem Spital Santa Maria della Scala in Siena gehörte: dreitausend Hektar karges Land mit 57 Pachthöfen, die mehr schlecht als recht überlebten, ohne Straßen und ohne Schulen. Das Schicksal wollte es so, dass sich in den Jahren zwischen den beiden Weltkriegen eine Amerikanerin namens Iris Cutting, die den italienischen Fürsten Antonio Origo geheiratet hatte, in dieses reizvolle, doch etwas heruntergekommene Fleckchen verliebte. Die Schriftstellerin beschreibt in *Licht und Schatten*, wie sie La Foce erwarben, und auch in ihrem Werk *Toskanisches Tagebuch 1943/44. Kriegsjahre im Val d'Orcia* findet La Foce Erwähnung.

Oben: Die vergangenen Jahrzehnte
haben bereits ihre Spuren hinterlassen: Die Stufen dieser Treppe in
La Foce sind von einer schönen
Patina überzogen.

Rechts: Ein Reiz der stufenförmig
angelegten Parklandschaft in La Foce
besteht in dem Wechsel zwischen
weiten Ausblicken und geheimen,
in sich geschlossenen Gärten.

Rechte Seite: In den 1930er Jahren
war das Hauptgebäude behutsam
erweitert worden. Der Außenbereich
scheint in von Pflanzen gebildetete
Räume unterteilt zu sein, so als ob
Haus und Garten sich gegenseitig
ergänzten.

Als das junge Paar 1923 in La Foce einzog, stand es vor einem umfangreichen Unterfangen: Nicht nur, dass die Residenz erneut bewohnbar gemacht werden musste, sondern der gesamten Gegend musste zu neuem Aufschwung verholfen werden. Eine ungewöhnliche Entscheidung für eine Amerikanerin aus wohlhabendem Hause, die auch einen leichteren Weg hätte gehen können! Da Iris ihre gesamte Mitgift in den Erwerb des Anwesens gesteckt hatte, finanzierte ihre Großmutter, als Hochzeitsgeschenk deklariert, die Anlage des Kanalsystems zur Trinkwasserversorgung und zu Bewässerungszwecken. Iris und Antonio Origo ließen Straßen anlegen, die Bauernhäuser renovieren, errichteten eine Schule, einen Kindergarten und ein Krankenhaus. Der einstige Wohnsitz wurde vergrößert und aus dem Nichts eine prächtige Gartenanlage geschaffen. La Foce kann als eine Art

Meisterstück von Cecil Pinsent angesehen werden, der hier sein ganzes Talent zum Einsatz brachte. Ganz abgesehen von der Neugestaltung der Innenräume, scheint es ihm Freude bereitet zu haben, sich der Herausforderung des schwierigen Geländes zu stellen: Der Garten erstreckt sich über eine Vielzahl verschiedener Ebenen und birgt zahlreiche Überraschungen. Normalerweise folgt in einem solchen Garten die Hauptachse dem Gefälle, doch hier verläuft sie waagerecht zum Hang. Wasserbassins, Pergolen und Rabatten wechseln sich in sorgsam bedachter und doch fantasievoller Reihenfolge ab. Diese sehr architektonische Komposition bildet einen perfekten Gegensatz zu dem landschaftlichen Hintergrund. Der Kunstgriff des Architekten bestand darin, einerseits eine Distanz zu der Hügellandschaft von Pienza aufzubauen und sie andererseits hervortreten zu lassen.

Ein Rosengarten bei Cetona

Nicht weit von La Foce liegt die kleine Stadt Cetona. Etwas außerhalb befindet sich der einzigartige Garten, den Federico Forquet und Matteo Spinola vor gut dreißig Jahren anlegten. Die Gegend am Rande der Val di Chiana wirkt fast schon gebirgig, und die Winter sind hier sehr rau. Es herrscht absolute Stille, so als sei die in der Nähe verlaufende Autobahn Rom–Florenz nur eine Illusion. In gewisser Hinsicht ist der Garten die Antithese des Parks von La Foce: Statt die Landschaft durch Erdaufschüttungen gewaltsam zu verändern, passt sich die Anlage dem unregelmäßigen, sehr steilen Relief an, sodass zuweilen die Grenzen zwischen Landschaft und Garten verschwimmen und ein harmonisches Ganzes entsteht. Ein Irrgarten verbindet die drei Häuser des Anwesens. Obwohl neu errichtet, erwecken sie den Anschein, schon immer an diesem Ort gestanden zu haben, da ihre Architektur den Gehöften der Region sehr gut nachempfunden ist. Federico, einer der renommiertesten Innenarchitekten Italiens, nahm mich mit auf einen Spaziergang durch Lavendelbeete, Kirschgärten und Olivenhaine. Während im Frühling die unzähligen Rosenbüsche, hauptsächlich alte Züchtungen, weiß und rosafarben blühen und auch die Schwertlilien ihre Knospen öffnen, zeigt sich Ende Juni der Lavendel von seiner schönsten Seite, vor einem Hintergrund in allen Grünschattierungen – von dem Silbergrün der Olivenbäume bis zu dem dunklen Grün der Zypressen. Das Anwesen, in dem sich umgrenzte Gärten und weite Ausblicke abwechseln, wird sorgfältig, aber nicht übertrieben instand gehalten. Federico kann es nicht lassen, immer wieder neue Ideen umzusetzen, um sein eigenes Arkadien entstehen zu lassen, das hier ganz der arbeitsamen Meditation gewidmet ist. Er zeigte mir eine Stelle mit Blick auf die Hügellandschaft, an der er bald zwei Bänke aufstellen möchte, vielleicht mit einem Schatten spendenden Dach aus Zweigen. Die Uhren ticken hier langsamer als in dem nur eineinhalb Autostunden entfernten hektischen Rom.

Links oben: Von der Terrasse des Hauses von Federico Forquet und Matteo Spinola überblickt man die wunderschöne, ursprüngliche Landschaft der Gegend um Cetona.

Links unten: Den Innenhof, auf den man vom Gästezimmer aus blickt, schmückt ein streng geometrisches Muster aus Buchsbaumhecken, aufgelockert durch ein paar Pflanzenkübel. Hier wohnt die Schildkröte der Hausherren.

Oben: Den abwechslungsreichen Garten zieren ebenfalls herrliche Beispiele der *ars topiaria*, wie diese kugelförmig beschnittenen Pflanzen – man erwartet, dass sie jeden Moment den Hang hinunterrollen.

Rechte Seite: Eine Oase der Ruhe: Die Statue am Ende dieser überwucherten Backsteinpergola scheint den Besucher zur Meditation einzuladen.

TOSKANISCHE INTERIEURS

Die Interieurs – ob fürstlich oder rustikal – spiegeln
das Ideal von Eleganz und Harmonie wider, wie
es nur in der Zeit der Renaissance entstehen konnte.
Das Streben nach Schönheit vereint sich mit dem
Bedürfnis nach Intimität, die Kunst mit dem Alltag.

Während Rom eine Stadt ist, in der man seinen Prunk gerne zur Schau stellt, gilt die Toskana, nicht ohne guten Grund, als zurückhaltend. Doch hinter den Fassaden der toskanischen Wohnsitze herrscht kein geringerer Glanz, begleitet von einem Sinn für das ausgewogene Maß sowie dem Streben nach Komfort, worin durchaus Ähnlichkeit mit der englischen oder französischen Lebensart besteht. Und überall, selbst in der Stadt, ist der Wunsch spürbar, die Verbindung zur Natur wann immer irgend möglich zu bewahren. Die bedeutenden Medici-Residenzen wie der Palazzo Pitti oder die Villa di Poggio a Caiano sind selbstverständlich problemlos zu besichtigen, ebenso hat die Öffentlichkeit Zugang zu den bekanntesten Gärten; doch schwieriger gestaltet es sich, wenn man einen Blick in vornehme Privathäuser werfen will. In den folgenden Porträts möchte ich Ihnen einige dieser toskanischen Wohnsitze vorstellen. Die oft geschichtsträchtigen Paläste, Landsitze oder auch einfachen Häuser liegen über die gesamte Toskana verstreut. Ein besonderer Stellenwert wurde den Wohnsitzen von zeitgenössischen Kunstschaffenden eingeräumt, sowohl Toskanern als auch Ausländern, die die Tradition der Toskana als Region der Künste und Kunstliebhaber fortleben lassen.

PALÄSTE MIT AUSSICHT

In allen Städten der Toskana erinnern zahlreiche, noch heute bewohnte Paläste an das höfische Leben unter den Großherzögen, das dem einstigen Feudaladel und den einflussreichen Kaufmannsfamilien einen von Eleganz und Raffinesse geprägten Lebensstil ermöglichte. Den geheimen Charme ihrer Palazzi kann man nur bei einem Besuch spüren, und wir hatten das Glück, dass alteingesessene sienesische und florentinische Familien uns die Pforten zu ihren Wohnsitzen öffneten.

Vorhergehende Doppelseite: Der in einen Ballsaal umgewandelte Innenhof der Villa La Petraia mit seinen Fresken und dem Wappen der Medici. König Viktor Emanuel II. lebte hier zwischen 1865 bis 1871, während der wenigen Jahre, in denen Florenz die Hauptstadt des Königreiches Italien war.

Links: Ein ungewöhnliches Bild. Im Inneren des Palazzo Corsini in Florenz befindet sich diese barocke Grotte: Im geheimnisvollen Halbdunkel schimmern venezianisches Glas und Quarz.

Oben: Zwei Tauben aus vergoldetem Holz wachen über einem prächtigen Türvorhang im Palazzo d'Elci in Siena.

Rechte Seite: Die Zeit scheint stehen geblieben zu sein in Geggiano bei Siena. Das Schlafzimmer ist mit edlem *toile de Jouy* ausgestattet, und in dem Prunkbett schlief schon Papst Pius VI., als die Truppen der Französischen Revolution in Italien einfielen.

Ganz oben: Zwei Kerzenhalter in der
Form einer Ananas umrahmen ein
ausdrucksvolles Familienporträt.

Linke Seite, links unten: Ein bedeutendes Werk von Daniele da Volterra, einem Schüler Michelangelos, schmückt den Salon im Palazzo d'Elci.

Linke Seite, rechts: Ein prachtvoll in Szene gesetztes Ganzkörperporträt eines Vorfahren der Familie Pannocchieschi d'Elci. Dante nahm mehrere Familienmitglieder als Vorbilder für seine Charaktere.

Rechts: Der Palazzo d'Elci ist über die Jahrhunderte ein Familiensitz geblieben. Das spiegelt sich in den liebevoll gepflegten Räumen und der warmen Atmosphäre wider.

Auf der Piazza del Campo in Siena

Die Bauwerke um die Piazza del Campo erhielten im Laufe der Jahrhunderte oft ein neues Gesicht, so auch der Palazzo d'Elci mit der unauffälligen Fassade. Durch einen Brand wurde 1149 der ursprüngliche Bau zerstört. Der Palast, den man daraufhin errichtete, war lange Zeit ein öffentliches Gebäude, bevor er in den Besitz alter Sieneser Familien kam. Auf einem holländischen Gemälde aus dem 18. Jahrhundert ist sein Anblick zu dem Zeitpunkt festgehalten, da er von der alten Familie Pannocchieschi d'Elci, die Dante schon in seiner *Göttlichen Komödie* erwähnte, erworben wurde: Die schönen gotischen Fenster sind noch vorhanden, doch der Turm weist als Folge eines Erdbebens einen beunruhigenden Riss auf. Ein weiteres Beben zwang ihn 1798 in die Knie, und der Palast wurde im ersten Drittel des 19. Jahrhunderts vollständig erneuert. Jene Familie bewohnt noch heute den musealen Wohnsitz, von Cesarina d'Elci liebevoll *casa*

amata – geliebtes Haus – genannt, in dem selbst das *piano nobile* mit den Repräsentationsräumen dem menschlichen Maß gerecht wird. Der frappierende Kontrast von Licht und Schatten, der sich bei einem Blick auf die enge Via di Città zur einen und die Piazza del Campo zur anderen Seite bietet, lässt einmal mehr an das Wappen von Siena denken. Schon beim Betreten des Hauses fallen die beiden wundervollen Bilder mit den ungewöhnlichen Farbkombinationen von Daniele da Volterra auf, während ein Altar mit einem Antependium aus teilweise feuervergoldetem Silber hinter zwei Schranktüren verborgen ist: Das herrliche Werk der Goldschmiedekunst war ein Geschenk der Familie an den Dom, der es noch heute einmal im Jahr zum Johannistag anfordern darf. Gegenüber dem Altar weist das Emblem der *contrada* der Gans darauf hin, dass der Graf d'Elci sechsmal den Palio gewann – ein wohl ebenso einmaliger Rekord wie die Heldentat der Stute Salomé, die 1948 ohne Reiter den Sieg davontrug.

Oben: Ein Blick durch die Spitzen-
vorhänge eines Fensters des Palazzo
d'Elci. Die Marmorkapelle auf
der Piazza del Campo strahlt in
der Sonne.

Rechts: Ein prachtvolles Schlafzimmer
im Palazzo d'Elci. Es wurde zu Beginn
des 19. Jahrhunderts im Zuge der
Renovierungsarbeiten nach einem
Erdbeben von dem Sieneser Architekten Fantastici entworfen.

Oben: Ein Sonnenstrahl in der Galerie, die den Palazzo Sergardi in Siena durchquert.

Rechts: Das elegante Mobiliar des späten 18. Jahrhunderts harmoniert mit dem klassizistischen Dekor des großen Salons.

Ganz rechts: Die Strahlen der untergehenden Sonne tauchen die Bibliothek mit dem flämischen Meisterwerk in ein weiches Licht.

In Siena – zwischen Stadt und Land

Nahe einer Kirche erhebt sich die nüchterne, unverputzte Backsteinfassade des Palazzo Sergardi. Bevor es zu einem privaten Wohnsitz wurde, war das von Il Riccio 1554 errichtete Bauwerk Sitz der Ordensgemeinschaft Dei Derelitte, der »verlassenen Töchter« – eine Inschrift und die Überreste eines Frontispizes weisen noch darauf hin. Der Charme dieser Residenz rührt in erster Linie von seiner Aussicht auf die sienesische Landschaft her. Guido Fineschi Sergardi zeigte mir Fotografien, die er im Laufe der Jahre von der Terrasse des von seinem Vater Lorenzo bewohnten *piano nobile* gemacht hatte: Auf den Bildern sieht die Landschaft immer wieder anders aus. Am meisten beeindruckten mich die Winteraufnahmen, denn der Anblick der Hügel im dichten Nebel erinnert an eine Berglandschaft, von einem Flugzeug aus betrachtet. Ich besuchte den Palazzo an einem schönen Spätnachmittag, an dem die Frühlingssonne die Bibliothek und den Salon mit dem interessanten gemalten Dekor aus dem 18. Jahrhundert erwärmte. Unterhalb des Palastes, zwischen den Gemüsegärten der Hausherren, sorgten einige blühende Obstbäume für heitere, aber vergängliche Farbtupfer.

Im Herzen von Florenz – die Terrassen eines Stadtpalais

Der Palazzo Gondi an der Piazza San Firenze liegt im mittelalterlichen Kern von Florenz. Er ist ein gelungenes Werk des Baumeisters Giuliano da Sangallo, der ebenfalls den außergewöhnlichen Kamin im *piano nobile* entwarf. Seit seiner Entstehung gehört der Palast einer alteingesessenen Familie. Ein Zweig dieses Hauses, der Katharina de' Medici nach Frankreich gefolgt war, brachte den berühmt-berüchtigten Kardinal von Retz hervor, der als unvergleichlicher Intrigant und begnadeter Memoirenschreiber Geschichte verfasste. Fürst Amerigo Gondi war der erste Nachfahre dieses bedeutenden Geschlechts, der das *piano nobile* zugunsten des obersten Stockwerkes des Palazzos aufgab. Der heute 91-Jährige sprach lachend von seinem »Penthouse«. Mit Lebhaftigkeit und nie versiegendem spöttischem Humor erzählte er uns vor dem Kaminfeuer aus seinem Leben. Angesichts der Leichtigkeit und Eleganz, mit der er die englische und die französische Sprache beherrscht, wunderte es mich nicht, dass seine momentane Lektüre die Memoiren des Abbé Mugnier waren, der mit scharfem, nicht immer gnädigem

Blick ein Bild der Pariser Gesellschaft um 1900 zeichnete – außerdem gehörten die dargestellten Persönlichkeiten oftmals so gut wie zur Familie. Fürst Gondi erzählte von seinem Vater, der dem Großherzogtum Toskana nachtrauerte und sich nie mit dem Faschismus arrangieren konnte. In seinen Anekdoten ließ Gondi eine Welt wieder aufleben, die schon fast entschwunden ist oder im Begriff ist zu verschwinden. Von den eleganten und sehr persönlichen Gemächern des Fürsten genießt man unvergleichliche Aussichten auf die Stadt: So erstreckt sich vor der Terrasse des Esszimmers der Dom in seiner vollen Länge. Eine kleine Treppe verbindet den Salon mit einer Art Meditationsklause, deren Wände erlesene sienesische Gemälde zieren. Von hier aus kann man auf weitere Terrassen hinaustreten, die Ausblicke auf den nahe gelegenen Palazzo della Signoria oder den Hügel von San Miniato bieten. Abends geht eine magische Wirkung von den angestrahlten Baudenkmälern wie der Kuppel des Doms oder dem Turm des Palazzo Vecchio aus – Florenz strahlt dann jene Würde einer Hauptstadt aus, derer sich nur wenige italienische Städte rühmen können.

Linke Seite: Von den Terrassen des Palazzo Gondi im Herzen von Florenz genießt man einen Rundblick auf die wichtigsten Baudenkmäler der Stadt: den Dom mit seiner Kuppel und den Campanile sowie die Basilika Santa Croce, das florentinische Pantheon.

Rechts: Der Ausblick von dem obersten Stockwerk des Palazzo bietet ein sich ständig veränderndes Schauspiel. Der über neunzigjährige Fürst Amerigo Gondi spricht humorvoll von seiner Junggesellenwohnung. Durch die Glasfront seines Arbeitszimmers blickt man auf den Turm des Palazzo della Signoria.

Ganz oben: Der Treppenaufgang des Palazzo Corsini erhielt ein majestätisches neues Gesicht, als ein Mitglied der Familie zum Papst gewählt wurde.

Oben: Um den großen Salon befinden sich weitere Repräsentationsräume. Besonders im Kerzenschein bieten sie einen prachtvollen Anblick.

Rechte Seite: Die Galleria Aurora mit den riesigen Fenstern zum Arno konkurriert mit dem herrlichen Türvorhang, der das Wappen der Corsini trägt.

An den Ufern des Arno in Florenz

Auch der Palazzo Corsini aus dem 17. Jahrhundert ist ein geschichtsträchtiger Wohnsitz. Der engen Via del Parione zeigt er ein strenges Gesicht, während in der dem Arno zugewandten Fassade Erhabenheit, gepaart mit Anmut, zum Ausdruck kommt. Die Corsini gehören zu den bedeutendsten Familien von Florenz. Ihr Aufstieg nahm Anfang des 13. Jahrhunderts seinen Lauf: Der Woll- und Seidenhandel ebenso wie das Kreditgeschäft verhalfen ihnen zu dauerhafter wirtschaftlicher Macht und politischem Einfluss. Doch ein Höhepunkt der Familiengeschichte war erreicht, als 1731 der energische Lorenzo Corsini im Alter von 79 Jahren unter dem Namen Klemens XII. zum Papst gewählt wurde. Der in Florenz verbleibende Zweig der Familie sollte bis ins 20. Jahrhundert hohe Ämter bekleiden, wie Fürst Tommaso Corsini, der Vater der jetzigen Eigentümerinnen des Palastes, Anna Lucrezia Sanminiatelli und ihre Schwester. Der Palazzo wurde von den Gefechten im Jahre 1944 sowie von den Überschwemmungen 1966 stark in Mitleidenschaft gezogen. Das Erdgeschoss konnte erst kürzlich gründlich renoviert werden. Dieser Teil des Palastes diente einst als Sommerwohnsitz. Wände und Decken schmücken Fresken in frischen Farben, und Öffnungen im Fußboden leiteten die kühlere Luft aus den Kellergewölben in die Räume. Ein ungewohntes Bild bietet eine mit Muscheln, Perlmutt, venezianischem Glas und Bergkristall ausgeschmückte Grotte, die innerhalb des Gebäudes eingerichtet wurde – das Gelände war nicht tief genug, um einen Garten anzulegen. Die fast vollständig restaurierten Räumlichkeiten eignen sich im Erdgeschoss hervorragend für Ausstellungen. Die Biennale der Antiquitätenhändler wurde bereits hier abgehalten, und weitere Veranstaltungen in den großzügigen, hellen Sälen sind geplant. Ein monumentaler Treppenaufgang, beherrscht von der Statue des Corsini-Papstes, führt zum *piano nobile*, das vor allem repräsentative Zwecke zu erfüllen hatte. Der große Salon mit den beiden riesigen, mit Kerzen bestückten Kronleuchtern und auch die Galleria Aurora vermitteln eine Vorstellung von der Prachtentfaltung des einstigen höfischen Lebens in Florenz. In einem Raum des Palastes befindet sich das hauseigene Archiv, und beim Blättern in den dicken ledergebundenen Bänden taucht man anhand der sorgfältig erfassten, mehr oder weniger bedeutenden Begebenheiten in die europäische Geschichte ein.

Ganz oben: Hinter dem Orangenbaum erkennt man die Arkaden der Loggia des Palazzo Corsini al Prato.

Oben: Die niedrigen Buchsbaumhecken strukturieren den Garten. Zwischen den Hecken wachsen Blumen und aromatisch duftende Pflanzen.

Mit Blick auf den schönsten Privatgarten von Florenz

Am Rande der ehemaligen Befestigungswälle, von denen an dieser Stelle nur noch die Porta al Prato zeugt, steht der Palazzo Corsini al Prato in völligem Gegensatz zum vorhergehenden Palast. Entworfen wurde dieser Palazzo, dessen einzig heiteres Detail eine Loggia auf der Gartenseite ist, Ende des 16. Jahrhunderts von Buontalenti im Auftrag der Acciaiuoli. Seit 1620 ist er im Besitz der Familie Corsini. Die recht gut erhaltenen Gemächer strahlen immer noch eine wohnliche Atmosphäre aus. Das wunderschöne Mobiliar setzt sich nicht ausschließlich aus toskanischen Stücken zusammen, denn die florentinischen Corsini beerbten eine römische Linie der Familie, sodass jetzt herrliche Barock-Konsoltische in dem Palazzo von der Liebe zur Pracht der Ewigen Stadt zeugen. Als äußerst gelungen empfand ich das Esszimmer, die mit Medaillons der römischen Kaiser geschmückte Galerie und den roten Salon mit dem Porträt einer indischen Vorfahrin.

Doch das Juwel dieses Palastes ist zweifelsohne sein Garten. Obwohl dieser Teil der Stadt, in dem zahlreiche Klöster angesiedelt waren, innerhalb der Befestigungsanlagen liegt, bewahrte er sich lange Zeit einen ländlichen Charakter, der hier trotz der Ausdehnung der Stadt erhalten blieb – selbst der Glockenturm einer protestantischen Kirche, der eher in ein englisches Dorf passen würde, steht noch. Gherardo Silvani wurde von den Corsini mit dem Entwurf des Gartens betraut, in dessen Stil sich bereits der Übergang zum Barock ankündigt. Die von Buontalentis Loggia ausgehende Hauptachse teilt die Anlage in zwei symmetrische Hälften und endet vor den großzügigen Orangerien, in denen fast sechs Monate lang die Zitruspflanzen überwintern. Aromatisch duftende Pflanzen und Buchsbaumornamente bilden ein kompliziertes Muster, das sorgfältig gepflegt wird. Andere Bereiche des Gartens wirken romantischer, wie das Labyrinth, dessen Boden mit Bärenklau überwuchert ist – eine Traumwelt, die geradewegs der Fantasie eines Jean Cocteau entsprungen scheint.

Eine derart großzügige Gartenanlage ruft sicherlich Neider auf den Plan, weshalb Fürstin Giorgiana Corsini, um den Fortbestand der Anlage besorgt, ihr auch eine kulturelle Funktion verlieh: Alljährlich findet hier in den Orangerien eine Messe für Kunsthandwerk statt, auf der nach strengen Kriterien ausgewählte Aussteller ihr Können zum Besten geben.

Links: Das Sofa mit dem scharlachroten
Samtbezug als Blickfang im Palazzo
Corsini al Prato.

Ganz oben: Prächtige Ornamentik
an den Wänden und auf den Möbeln.

Oben: Das Bild zeigt eine Vorfahrin
der Familie. Das Sofa, auf dem sie sitzt,
schmückt noch immer den Salon.

Rechts: Das Bett selbst ist ein Kunstwerk, nicht nur wegen der Schönheit seiner kostbaren Seidenstoffe, sondern vor allem wegen der überwältigenden vergoldeten Verzierungen.

Unten: Im Schlafzimmer erinnert die kleine tragbare Ikone auf dem Betstuhl an die russischen Wurzeln des Fürsten Emilio Pucci.

Ganz oben und oben: Ausschnitte des wunderschönen Dekors im Palazzo Pucci in Florenz: eine Tür und der Kristalllüster des blau-weißen Salons.

Der Wohnsitz eines florentinischen Modezars

Im Palazzo Pucci, gleich neben dem Dom von Florenz, begegnen sich Geschichte und Gegenwart. Die wirklichen Dimensionen des Gebäudes mit der dreigeteilten Fassade lassen sich von der engen Via dei Pucci aus kaum abschätzen. Den Mittelbau, den ältesten und prächtigsten Teil des Palastes, ziert das Wappen des Kardinals Lorenzo Pucci, dessen Bruder eine Schwester des Farnese-Papstes Paul III. geheiratet hatte. Die schon seit dem ausgehenden 13. Jahrhundert in Florenz ansässige Familie charakterisierte von jeher die enge Verbundenheit mit dem Hause Medici, dessen Schutz sie immer genoss. Der Palazzo blieb somit in Familienbesitz, und seine Interieurs wurden von den jeweiligen Generationen ge-

prägt. Orazio Roberto Pucci war zur Zeit der Annektierung durch Napoleon Bürgermeister von Florenz und veranstaltete rauschende Feste zu Ehren Elisas, der Schwester des Kaisers, Herzogin von Lucca und Piombino. Das faszinierendste Mitglied dieser Familie lebte jedoch zweifelsohne im 20. Jahrhundert: Die Rede ist von Emilio Pucci, einer der bedeutendsten Persönlichkeiten der europäischen Modewelt, der 1914 geboren wurde und erst vor einigen Jahren verstarb. Ein Stipendium führte ihn während seines Studiums in die Vereinigten Staaten, wo er Gefallen fand an dem zwanglosen Stil, der damals in Europa noch undenkbar war. Nach seiner Rückkehr nach Italien begann er für den eigenen Gebrauch bequeme Kleidungsstücke zu entwerfen. Einem Zufall verdankte er seine weitere berufliche Laufbahn. Wie so oft war er von den Agnelli zu einem Urlaub in die Alpen eingeladen worden, als eine der Töchter des Großindustriellen, eine atemberaubende Schönheit, keine passende Skikleidung mitgenommen hatte. Er lieh ihr seinen selbst entworfenen Anzug, und durch eine Fotografie in dem amerikanischen Modemagazin *Harper's Bazaar* erfuhr die ganze Welt vom Talent Emilio Puccis, der als erster erkannt hatte, dass die Ära der einengenden, steifen Damenbekleidung abgelaufen war und man als Frau nicht vor Hosen oder lebhaften Farben zurückschrecken musste. Der Erfolg war unbeschreiblich und dauerte bis in die 1960er Jahre an. Das darauf folgende Jahrzehnt dagegen war düster für ihn, doch Emilio Pucci hing zu sehr an seinen Überzeugungen, als dass er seinen Stil hätte ändern können. Aber – er war schon von der Krankheit gezeichnet, an der er 1992 sterben sollte – das Blatt wendete sich noch einmal: *Vogue* und *Harper's Bazaar* krönten ihn, ohne sich abgesprochen zu haben, Ende der 1980er Jahre ein zweites Mal. Cristina Pucci sieht ihren Mann noch vor sich, wie er im Schneidersitz summend an seinen Entwürfen arbeitete. Bald soll eine Stiftung ins Leben gerufen werden, die mit dem Erhalt und der Auswertung des von Emilio Pucci hinterlassenen Archivs betraut werden soll. Einen Moment lang war der Florentiner mit Leib und Seele sicher versucht, eine politische Laufbahn einzuschlagen, und er wurde zweimal als Abgeordneter der liberalen Partei in den Stadtrat gewählt. Seine Räume im Palazzo spiegeln seine Vision von zeitloser Eleganz und Kunst wider: Die Wirkung der alten Gemälde, der Fresken und des Stucks wird von den herrlichen Seidenstoffen der Manufaktur Antico Setificio Fiorentino unterstrichen, die Emilio Pucci persönlich vor dem Ruin gerettet hatte.

Folgende Doppelseite: Das Esszimmer gleicht einer Ode an die Schönheit: Fresken, kunstvolle Konsoltische und prachtvolle Tischwäsche – wenn man wie Emilio Pucci in einem solchen Dekor aufwuchs, muss man einfach über einen instinktiven Sinn für Eleganz verfügen.

Ganz oben: Das Wappen der Ruspoli an der Fassade des Schlosses Lilliano bei Castellina in Chianti.

Oben: Das Esszimmer mit den afrikanischen Jagdtrophäen.

Rechts: Das rote Sofa, die prächtigen Kissen und die venezianischen Spiegel setzen Akzente im Billardzimmer.

SCHLÖSSER IM WEINBERG

Die Toskana ist stolz auf ihre bedeutenden Landgüter – die meist feudalen Ursprungs sind – mit den berühmten Weinbergen; in dieser Hinsicht kann man sie vielleicht nur mit der Region von Bordeaux vergleichen. Die Anwesen dienen den Eigentümern als Hauptwohnsitz und sind oftmals schon seit Jahrhunderten im Besitz ein und derselben Familie – hier entfaltet sich eine augenscheinlich zeitlose Lebenskunst. Doch ebenso sind diese Landgüter Unternehmen, die sich sehr wohl dem Internet-Zeitalter anpassen konnten. Unser Weg führt uns zu Anwesen, die Geschichte und Gegenwart gleichermaßen Raum bieten.

Lilliano oder der Wohnsitz eines passionierten Jägers im Chianti
Lilliano liegt im Umland von Castellina in Chianti. An einer kleinen Piazza öffnet sich das Tor zu dem sehr schlichten würfelförmigen Schloss. Lilliano befindet sich genau an der Grenze zwischen florentinischem und sienesischem Land und wurde vor dem endgültigen Sieg der Medici zweimal zerstört. Auch von den Bomben des Zweiten Weltkrieges blieb es nicht verschont. Die inzwischen durchgeführte Renovierung der Interieurs hat den Charme des Landsitzes nicht geschmälert. Die Liebe zur Jagd hat hier Tradition; davon zeugen die beeindruckenden afrikanischen Trophäen im Esszimmer. Aber der Landsitz ist gleichfalls ein Wirtschaftsbetrieb, dessen wichtigste Pfeiler die Weinproduktion und der ländliche Tourismus sind. In einem schönen mittelalterlichen Keller lagern die französischen Eichenfässer, in denen der berühmte Supertoskaner reift, der für manchen Kenner den Chianti Classico auf den zweiten Rang verwiesen hat. Lilliano ist eines der Weingüter, die den Wein direkt an Ort und Stelle in Flaschen abfüllen. Dank des Tourismus, der sicher auch von der günstigen Lage profitiert, können die drei- bis vierhundert Jahre alten Pachthöfe wieder neu genutzt und somit auch ihr Erhalt gesichert werden. Von Lilliano aus erblickt man auf der einen Seite Castellina in Chianti, wo ein modernes Getreidesilo aus der Ferne wie eine mittelalterliche Festung anmutet, und auf der anderen Monteriggioni, dessen Türme sich im Dunst abzeichnen.

Brolio oder wo der »Eiserne Baron« den Chianti Classico erfand
Seit 1140 ist die Präsenz der Ricasoli in Brolio urkundlich bezeugt.
Anfang des 13. Jahrhunderts wurde das kleine befestigte Dorf zwischen den Ländereien von Florenz und Siena durch eine mächtige Festung ersetzt. Als ein strategisch begehrter Verteidigungsstützpunkt
musste das Castello di Brolio zahlreiche Belagerungen überstehen. Im
15. Jahrhundert wurde es für kurze Zeit von Siena erobert und aufs
übelste zugerichtet. Als die restaurierte Anlage später unter Bettino
Ricasoli nahezu vollständig erneuert wurde, entstand ein Kastell in
dem Mitte des 19. Jahrhunderts beliebten neugotischen Stil. Der Baron Ricasoli, Wegbereiter der italienischen Einheit und als Nachfolger
Cavours Ministerpräsident des vereinten Italien, war bekannt für
seine Konsequenz und Unerbittlichkeit. Seine umfangreiche Bibliothek lässt jedoch auch auf einen universellen und wissbegierigen Geist
schließen, der übrigens die Rezeptur für den Chianti Classico fest-
legte, die über 100 Jahre Gültigkeit bewahrte. Diesem energischen
Mann scheint man in Brolio auf Schritt und Tritt zu begegnen.

Die Tore zu dem beeindruckenden Wohnsitz öffnete uns sein Nachfahre, gleichzeitig auch sein Namensvetter, dessen ausgesuchte
Freundlichkeit auch schon unter Touristen von sich reden machte,
die ab und an einen Blick in die privaten Gemächer werfen dürfen.
Der zu einem prunkvollen Esszimmer umfunktionierte Waffensaal
mit Rüstungen, Fresken, neugotischen Möbeln und Glasfenstern ist
von königlichem Glanz. Der Salon der Familie, ebenfalls in mittelalterlichem Gepräge, entspricht dagegen dem menschlichen Maß-
stab, und die eher persönlichen Porträts an den Wänden tragen zu
einer familiären Atmosphäre bei. Vor einigen Jahren noch mit Ge-
ringschätzung gestraft, findet der Stil des Castello heute die verdiente
Anerkennung. Die Gebäudeteile, die der Neugestaltung des 19. Jahrhunderts entgingen, sind von großer Schlichtheit; das geweißelte
Mauerwerk kontrastiert mit grauem Stein. In einem Raum steht eine
Bronzebüste, die während des Zweiten Weltkrieges von einer Gra-
nate beschädigt wurde – dank seiner dicken Mauern war das Kastell
glücklicherweise geschützt, als es in der Gegend zu erbitterten Gefechten zwischen den Alliierten und den deutschen Truppen kam.
Einen bleibenden Eindruck hinterließ bei mir die Bibliothek von

Linke Seite: Ein beeindruckendes
Beispiel für den neugotischen Stil:
das Esszimmer von Schloss Brolio.

Ganz oben: Ein heraldischer Löwe
thront auf der Steintreppe. Ein Ritter-
bildnis neben einer Rüstung.

Oben: Der Salon imitiert den mittelalterlichen Stil und bleibt doch,
angefüllt mit Erinnerungsstücken,
ein Wohnraum der Familie.

Rechts: Ein Ort der Gelehrsamkeit: die zweistöckige Bibliothek in Brolio. Man würde sich nicht wundern, hier noch den »Eisernen Baron« Bettino Ricasoli zwischen den ihn darstellenden Statuen persönlich anzutreffen.

Oben: Diese Glasfenster in Brolio zeugen von dem Enflussreichtum der verschiedenen Zweige der Familie Ricasoli, die in dieser Gegend zahlreiche Herrensitze besaßen, darunter das benachbarte Castello di Meleto.

Brolio, zu der man über einen weiträumigen Saal gelangt, in dem man Urkunden aufbewahrte, die inzwischen dem Staat zur Verwahrung übergeben wurden. Zwei großformatige Bilder zeigen Episoden aus der Familiengeschichte: Auf dem einen ist ein Höflichkeitsbesuch des italienischen Königs Viktor Emanuel II. in Brolio zu sehen, nachdem sich der »Eiserne Baron« aus dem politischen Leben zurückgezogen hatte. Das zweite stellt die Baronin Ricasoli auf ihrem Sterbebett dar, am Hochzeitstag ihrer Tochter Elisabetta, die der Mutter gerade ihren Schwiegersohn vorstellt. Die Bibliothek unter dem Dach beansprucht viel Raum. In großen Wandschränken sind die Werke sämtlicher Epochen vor Licht und Mäusen geschützt, und über eine Wendeltreppe gelangt man zu der zweiten Ebene der Bibliothek, ebenfalls ein Paradies für Bücherfreunde. Die Schubladen und Tische sind voller Erinnerungsstücke und Dokumente, darunter ein von Ludwig XIV. und dem Staatsmann Colbert unterzeichneter Passierschein für einen Vorfahren, der Botschafter des Großherzogs der Toskana war. Eine Sammlung von Karikaturen, die Bettino Ricasoli selbst zeigen, lässt vermuten, dass der strenge Baron den nötigen Abstand zu seiner eigenen Person hatte. Von den Fenstern des Turmes aus blickt man zur einen Seite auf die Gebäudetrakte des Kastells, zur anderen auf die Landschaft des Chianti mit den in der Ferne liegenden Glockentürmen von Siena.

Zu Gast bei Lorenza de' Medici in Badia a Coltibuono

Von jeher war Badia a Coltibuono nicht nur ein Ort der Meditation und des Gebetes, sondern auch ein Ort, an dem man die Gaben der Natur schätzte. Bis zur Auflösung der Abtei im Jahre 1811 waren die Weinberge im Chianti eine Haupteinnahmequelle der Mönche. Den Stucchi Prinetti, Nachfahren der Familie, die das Anwesen Mitte des 19. Jahrhunderts erwarb, gelang es, neben der Herstellung erstklassiger Produkte wie Olivenöl den Rebensaft von Badia a Coltibuono zu Spitzenweinen auszubauen. Lorenza de' Medici, verheiratet mit Roberto Stucchi Prinetti, kam auf die Idee, hier Kochseminare abzuhalten, die vor allem von Amerikanerinnen besucht werden.

Die alte Kirche der Abtei kann besichtigt werden, doch das wuchtige Klostertor zu durchschreiten ist ein Privileg. Der Besucher gelangt zuerst in einen lichtdurchfluteten Hof, der wie die Pforte zu einer Oase der Ruhe wirkt. Das ehemalige Haus des Abtes und die Wirtschaftsgebäude schmückt eine goldschimmernde Patina. Ein Gewölbegang führt zum unterhalb liegenden Garten. In dieser abgeschlossenen, aber glanzvollen Welt herrscht absolute Stille. Von der Eingangshalle des Dormitoriums gelangt man zu dem dämmrigen, andachtsvollen Kreuzgang mit seinem Brunnen, von dem aus man wiederum Zugang zum ehemaligen Refektorium hat, dem jetzigen Salon. Mit den ursprünglichen Fresken und meditativen Inschriften, großflächigen Fenstern, die den Blick auf den Garten frei geben, und nur sparsam möbliert, verkörpert dieser Raum toskanische Lebenskunst. Symbolisch für das doppelte Erbe der Abtei – ihr geistiges Leben und ihren Weinanbau – rahmen zwei Darstellungen aus dem 17. Jahrhundert mit biblischen Trunkenheitsszenen die Tür zum Kreuzgang.

Die Küche mit der Sammlung von Kupfertöpfen, den geflochtenen Körben und den Flaschen mit Öl, Wein und Essig aus eigener Herstellung ist allein schon eine wahre Augenweide. Sie ist sicherlich schlichter als andere Schlossküchen, aber in ihr lebt die Leidenschaft, mit der Lorenza de' Medici ihre Schüler in die Raffinessen der toskanischen Küche einweiht. So ist das Leben in Badia a Coltibuono geprägt von friedlichen Ruhephasen und Zeiten kulinarischer Betriebsamkeit.

Links: In Badia a Coltibuono nutzt die Familie Stucchi Prinetti das ehemalige, freskenverzierte Refektorium der Mönche heute als Salon. Die moderne Einrichtung ist von kompromissloser Schlichtheit. Die weiße Polstergarnitur wird dem Charakter des Gebäudes gerecht.

Oben: Das Reich von Lorenza de' Medici: Zwischen den Körben und Kupfertiegeln führt sie ihre Schüler in die Geheimnisse der toskanischen Küche ein. Selbstverständlich dürfen auch der Wein und das Olivenöl aus eigener Produktion nicht fehlen.

Oben: Ein Hauch französischen Stils: Das Schloss Migliarino inmitten weitläufiger Ländereien geht auf die französischen Vorfahren der Salviati zurück. Es liegt in einer bis ins 19. Jahrhundert unbewohnbaren Gegend an der Küste, die inzwischen zu einem unschätzbaren Naturschutzgebiet geworden ist.

Links: Eine Tafel von schlichter Eleganz mit Blick auf den Park. Die Weinkaraffe darf nicht fehlen, denn schließlich war Migliarino eines der ersten Güter Italiens, die hier im 19. Jahrhundert französische Rebarten einführten.

Migliarino oder das Schloss am Meer

Ich hätte niemals damit gerechnet, so nahe an der Autobahn vor Pisa ein Juwel wie Migliarino vorzufinden. Die weitläufigen Ländereien der Salviati mit dem ausgedehnten Kiefernwald sind heute ein Naturschutzgebiet. Die den Medici treu verbundenen Salviati, deren Titel und Rang im 19. Jahrhundert auf die Borghese übergingen, gehören zu den traditionsreichsten Familien von Florenz. Ab dem 15. Jahrhundert dehnten sie ihre Geld- und Handelsgeschäfte bis nach Brügge, London, Lissabon und Lyon aus. Das historisch bedeutsame und außerordentlich umfangreiche Familienarchiv wird inzwischen in der Scuola Normale Superiore in Pisa aufbewahrt, darunter auch ein Briefwechsel von Machiavelli. Das Landgut von Migliarino befindet sich sieben Kilometer nördlich von Pisa auf einem Küstenstreifen, der lange Zeit unbewohnbar war, bis im letzten Jahrhundert ein Vorfahre des jetzigen Herzogs Salviati entschied, ihn urbar zu machen. Dieser Ahne hatte durch seine Mutter und seine Heirat mit einer La Rochefoucauld eine besondere Beziehung zu Frankreich, weshalb er einen französischen Architekten mit der Planung des Schlosses beauftragte, das so gar nicht dem toskanischen Stil entspricht. Der Bau aus Ziegeln und Stein würde eher an den Stadtrand von Paris oder an die Ufer der Loire passen. Sein Interieur ist ein grandioses Beispiel für die prachtvollen Innenausstattungen der Epoche Napoleons III.: Französische und italienische Einflüsse fügen sich zu einem glanzvollen, doch keineswegs unterkühlten Gesamtbild, wie in dem großen Salon, dessen Pariser Tapeten und Stoffe mit dem venezianischen Kronleuchter und dem Mobiliar harmonieren. Im Billardzimmer bergen zwei riesige Vitrinenschränke eine erstaunliche Sammlung ausgestopfter Tiere, die allesamt auf den Ländereien des Anwesens erlegt wurden – darunter auch ein Pelikan, der vor ungefähr fünfzig Jahren in dieser Gegend noch heimisch war; inzwischen ist die Jagd hier verboten.

Von Migliarino ging außerdem eine der einschneidenden Neuerungen in der toskanischen Weinkultur aus. Im 19. Jahrhundert begann man auf dem Gut auch französische Rebsorten anzubauen, die sich sehr von den heimischen Arten der Toskana unterschieden; das brachte Mario Incisa della Rocchetta auf die Idee eine neue

Komposition zu kreieren, den inzwischen berühmten Sassicaia,
der in nur wenigen Jahren zu einem der angesehensten Weine der
Welt wurde. Bei einem Mittagessen auf der Terrasse genießt man
den edlen Wein dieser Gegend ebenso wie den Ausblick auf den
wunderschönen Park, der sogar in der Normandie oder in England
liegen könnte, wären da nicht die hohen und für diese Region
charakteristischen Pinien; ein ganz anderes Gesicht der Toskana.

In diesem offenen, luxuriösen Schlaf-
gemach mit Blick auf den Park des
Schlosses darf man sich wie ein König
fühlen

Oben: Der große Salon in Migliarino
präsentiert sich ganz im Stil der Mitte
des 19. Jahrhunderts. Die Bezüge
der Stühle ergänzen harmonisch die
Tapeten mit chinesischen Motiven.

Rechts: Die Eingangshalle des Schlosses zieren zeitgenössische Fresken,
die die nüchterne Architektur auf-
lockern. Die vielen Fotografien
auf dem Flügel zeugen vom Leben
der Familie.

DIE VILLEN ODER DIE LÄNDLICHE LEBENSKUNST

Die toskanische Villa, Verbindung von städtischer und ländlicher Lebensart, besticht durch die Pracht ihres Gartens ebenso wie durch den Charme ihres Interieurs. Der Sinn für Eleganz findet hier eher in kleinen Details als in Prunk seine Ausdrucksform, die nicht eines gewissen Hangs zum Manierismus entbehrt. Mit einem Hauch von Nostalgie beschrieb Harold Acton die toskanischen Villen als ein Universum von menschlichem Maß, in dem die Schönheit der Gärten, die Harmonie zwischen Zivilisation und Natur sowie die Präsenz der Vergangenheit die Geisteshaltung prägen – er wurde ja selbst in einer dieser Villen geboren.

So unterschiedlich das Los der Landsitze auch war, so zeugen doch noch zahlreiche Beispiele von der Blüte der toskanischen Villen im Quattrocento. Den oftmals von schützenden Mauern abgeschotteten Refugien gelang es besser als anderen historischen Wohnsitzen, sich den Erfordernissen der modernen Welt anzupassen. Mehrere hatten wie die Villa La Petraia das Glück, in Museen umgewandelt zu werden und so dem Verfall zu entgehen. Die bedeutenden Medici-Villen erhielten durch geduldige Restaurierungen wieder jenen Glanz, der sie einst zum Vorbild einer ganzen Epoche werden ließ. Andere sind, ganz oder nur teilweise, zu Hotels geworden: In einigen, wie der Villa Villoresi oder La Suvera, die sich noch in Familienbesitz befinden, ist das einstige Ambiente nicht verloren gegangen. Doch viele Villen der Toskana wahren ihre Intimität.

Eine der prächtigen Medici-Villen ist Ausgangspunkt der folgenden Route, die uns in drei private Wohnsitze bei Siena und Florenz führt, denen trotz einer Öffnung zur Modernität der Charme von einst erhalten blieb.

Oben: Ein vergoldeter Gardinenhalter vor tiefrotem Grund: Das hübsche Detail in La Petraia bei Florenz spiegelt den Geschmack jener Epoche wider, als die Villa für den italienischen König umgestaltet wurde.

Oben: Ein Salon in La Petraia. Seine Gestaltung zielt ganz auf die Wirkung des Kontrastes zwischen dem Gold der Möbel und dem Violett der Bezüge und Wandbespannungen ab.

Rechte Seite: König Victor Emanuel II. ließ La Petraia umgestalten. Entstanden ist ein verschwenderisches Ambiente, doch von bourgeoisem Geist, ähnlich dem französischen Stil unter Napoleon III. Auch Visconti hätte dieses Dekor gefallen …

Oben: La Petraia ist heute ein Museum. Es beherbergt auch das Original der *Fiorenza,* einer Skulptur von Giambologna, die einen der Springbrunnen im Garten schmückte.

Rechts: Großflächige Fresken verherrlichen die Dynastie der Medici.

Rechte Seite: Im Esszimmer von La Petraia herrscht eine wahrhaft königliche Atmosphäre, ein Kontrast zu den intimen Gemächern.

La Petraia, eine königliche Residenz in den Hügeln bei Florenz

In Castello, oberhalb von Florenz, liegt die großartige Medici-Villa La Petraia. Eine schmale Straße, die zu ihrem Ende hin noch an eine ländliche Chaussee erinnert, führt zu dem bescheidenen Portal – Prahlerei entsprach nicht dem Stil der Medici. Die Villa ist aus einem mittelalterlichen Kastell hervorgegangen, das die Medici im Jahre 1530 den Strozzi entzogen hatten. In der zweiten Hälfte des 16. Jahrhunderts beauftragte Ferdinando I. Buontalenti mit dem Umbau zu einem Lustschloss. Der Architekt integrierte den alten Wachturm aus dem 14. Jahrhundert als Belvedere. Im 18. und 19. Jahrhundert wurden die Gärten einschneidenden Veränderungen unterzogen, vor allem in der kurzen Epoche, in der Florenz Hauptstadt des geeinten Italien war und La Petraia 1865 zur Privatresidenz Viktor Emanuels II. wurde. Der Herrscher ließ den Innenhof mit den freskenverzierten Wänden zu einem Ballsaal umwandeln, indem er über eisernen Säulen ein Glasdach errichten ließ. Die Gemächer wurden für den Empfang der Gräfin Mirafiori umgestaltet, seiner anerkannten Mätresse, die er nach dem Tode der Königin durch eine Eheschließung zur linken Hand zu seiner Frau machte. Über den Prunkräumen des Erdgeschosses befinden sich daher intimere Räume, deren Seidenbespannungen an den Wänden oft noch erhalten sind. Der Charme dieser Villa geht weniger von den hier zu bewundernden Kunstwerken aus als vielmehr von ihrer Atmosphäre, denn man gewinnt den Eindruck, die Residenz sei noch immer bewohnt: Das Arbeitskabinett des Königs, das Schlafzimmer oder der prächtige große Spielsaal, die den Geschmack einer ganz und gar nicht toskanischen Dynastie widerspiegeln, zeugen eher von einem ungezwungenen als von einem herrschaftlichen Lebensstil.

Einer der Höhepunkte von La Petraia sind die atemberaubenden Gärten. In dem höher gelegenen Teil hinter der Villa widmete man sich früher der Vogeljagd; Mitte des 19. Jahrhunderts wurde er in einen reizenden romantischen Park umgestaltet, eine üppige Grünlandschaft, aus der das zarte Orange der Gebäude hervorlugt. Auf einer Höhe mit dem Hauptgebäude, doch an dessen Ostseite, wurde ein großzügiges Karree angelegt. Den Brunnen in seiner Mitte ziert eine Kopie der *Fiorenza*, einer Venusskulptur von Giambologna, die einst im Garten der Villa di Castello stand. Die Blumenbeete rings herum werden von Akanthusblättern aus Terrakotta eingefasst – ein originelles Motiv, das man nach alten Vorlagen anfertigte. Ein Belvedere an der entgegengesetzten Ecke der Villa nutzte Viktor Emanuel auf seinen Spaziergängen mit der Gräfin Mirafiori als Laube. Vor der Hauptfassade erstrecken sich sehr gepflegte Terrassen, deren Originalentwurf erhalten blieb. Das große Wasserbassin auf der ersten Terrasse diente der Fischzucht; darunter folgt ein kürzlich wieder hergestellter Zwiebelpflanzengarten – die Medici liebten diese Blumen und trugen eine Vielzahl an Züchtungen zusammen. Noch weiter den Hang hinunter wurden mehrere Beete wieder wie ursprünglich mit Zwergobstbäumchen bepflanzt, zwischen denen im März unzählige blühende Osterglocken und Primeln an den *Frühling* von Sandro Botticelli erinnern. Die Bemühungen, ein getreues Abbild einer einstigen Gartenanlage zu schaffen, lassen oftmals eine gewisse Unterkühltheit aufkommen – in La Petraia dagegen sorgten sie für zusätzlichen Charme.

Ganz oben: Das Wappen des Flavio Chigi della Rovere unter dem Kardinalshut: Der Neffe von Papst Alexander VII. ließ die Villa Cetinale im 17. Jahrhundert erbauen.

Cetinale oder die Begegnung von englischer Lebensart und toskanischem Geist

Am Fuße der Anhöhen der Montagnola liegt in der Nähe von Siena inmitten einer außergewöhnlichen Gartenlandschaft die Villa Chigi in Cetinale, als sehr schönes Beispiel für die schlichte Variante des toskanischen Barock ein Schmuckstück für sich. Carlo Fontana, der Baumeister, den Papst Alexander VII. mit der Gestaltung der Fassade des Petersdoms in Rom beauftragte, errichtete die Villa 1680 für den Kardinal Chigi. Der sehr eingängige Entwurf orientierte sich an früheren Plänen des großen Sieneser Architekten Peruzzi aus dem frühen 16. Jahrhundert. Vom Hof aus betritt man die Villa über eine auf gleicher Höhe liegende Loggia mit drei Arkaden; eine Art Wintergarten öffnet sich auf einen weitläufigen Eingangsbereich, in dem immer noch die Büsten der Chigi stehen. Vom Garten her führt eine doppelläufige Freitreppe aus sienesischem Marmor zum *piano nobile*, in dem sich Zimmer und Salons aneinander reihen. Lord Lambton gelang es, diese zugleich herrschaftliche wie persönliche Atmosphäre zu erhalten, besser gesagt wiederherzustellen. In dem Wohnsitz mit menschlichen Proportionen mischt sich Alltägliches mit Kostbarem in einem sorgsam gestalteten Durcheinander. Die vielen Hunde des Hauses strolchen ungeniert zwischen den Konsoltischen umher oder strecken sich auf den schönen Terrakottafliesen des Fußbodens. Die Küche ist ein besonders hübsches Beispiel für die in der Villa herrschende vornehme Einfachheit, denn an der Wand hängen die Porträts der ehemaligen Verwalter des Anwesens, die immer noch nach dem Rechten zu sehen scheinen.

Die Innengestaltung schafft problemlos den Spagat zwischen italienischem Stil und englischem Geschmack, zwischen Hockern, verziert mit dem Wappen eines Papstes, und englischen Truhen. Zwei französische Grisaille-Tapeten nehmen den Platz der Malereien ein, die bei einem Brand zerstört wurden, und an einer Wand entdeckt man einen Stich, der den Familiensitz der Lambtons und ihr vielsagendes Wappen mit den drei Lämmern zeigt. Die Schlafräume mit den majestätischen Betten neben dem Salon sind angefüllt mit Erinnerungsstücken und Fotoalben. Über eine prunklose Treppe aus grauem Stein, allerdings mit einem schönen schmiedeeisernen Handlauf, gelangt man in das Obergeschoss, dessen schlicht möblierte Räume fantastische Ausblicke auf die Gärten und die Montagnola bieten.

Links unten: Von dem großen Salon in Cetinale führt eine schöne Treppe aus sienesischem Marmor in den Garten. In dem Interieur harmonieren bequeme Sofas in englischem Stil mit Spiegeln und Konsoltischen des Barock sowie zwei französischen Grisaille-Tapeten an der Wand.

Rechte Seite: Diese Detailaufnahme aus der Villa Cetinale spiegelt den Charakter eines Landhauses wider. Die Verwandtschaft dieser Landschaftsdarstellung mit dem Dekor der Wand unterstreicht den heiteren Gesamteindruck.

Linke Seite, links: Bizarre Ungeheuer bevölkern den Park der Villa di Geggiano. Die Spuren der Zeit haben auf den Skulpturen, die nie restauriert wurden, eine reizvolle Patina hinterlassen.

Linke Seite, rechts: Der Triumphbogen aus Backstein dient in dem *teatro verde* als Zugang zu den Kulissen. Zu Gast in der Villa, deklamierte der Dichter Alfieri hier einst seine Verse.

Links: Die Villa ist noch heute im Besitz der Nachkommen einer sehr alten sienesischen Familie, den Bianchi Bandinelli.

Geggiano oder die bei Siena wiedergefundene Zeit

Von meinem Freund Alvar Gonzalez Palacios hatte ich bereits von dem Sieneser Ranuccio Bianchi Bandinelli gehört, einem bedeutenden Archäologen und Historiker auf dem Gebiet der Antike, der aus einem alten sienesischen Geschlecht stammt, dem auch Papst Alexander III., der Kaiser Friedrich Barbarossa in die Knie zwang, entsprang. Der herausragende Gelehrte, der aufgrund seiner Verbindung zur kommunistischen Partei auch *il conte rosso,* der rote Graf, genannt wurde, trat nach dem Zweiten Weltkrieg die meisten Gehöfte des Familiengutes Geggiano bei Siena an die Bauern ab, behielt jedoch den ungewöhnlichen Herrensitz. Ursprünglich handelte es sich im 14. Jahrhundert um ein einfaches Haus auf dem Lande, dessen Konstruktion in die späteren Erweiterungsbauten einbezogen wurde. Der quadratische, von zwei mächtigen Gewölbebögen gestützte Raum diente lange Zeit als Küche, was noch heute unschwer an der Ausstattung zu erkennen ist, bevor er als großes Wohnzimmer benutzt wurde – besonders im Winter ist es hier an dem ausladenden

Kamin sehr gemütlich. Das jetzige Bild der Gebäude ist das Ergebnis eines fast vollständigen Umbaus gegen Ende des 18. Jahrhunderts, anlässlich einer Eheschließung zwischen einem Bandinelli und einer Chigi Zondadari. Auch der Garten wurde damals neu angelegt und um ein hübsches *teatro verde* mit einer bemerkenswerten Akustik bereichert. Der Dichter Vittorio Alfieri hielt sich dort in den letzten Jahren des 18. Jahrhunderts auf: Seine Verse erfüllten das Halbrund aus Lorbeerbäumen und Zypressen, das hier als Bühnenwand dient. Er litt sehr darunter, Italien unter der Besatzung von französischen Truppen zu sehen.

En Vorfahre von Ranuccio Bianchi Bandinelli war ein Träger der napoleonischen Verwaltung und Präfekt des 1811 gegründeten Departements Ombrone. Nachdem er sich ohne Zögern der Restauration von 1814 angeschlossen hatte, zerstritt er sich mit seinem Sohn Mario, der seinen Überzeugungen treu geblieben war. Der Sohn erbte zwar das Landgut, jedoch keinen Heller. Dieser schicksalhaften Querele verdanken wir es, dass Geggiano in seinem ursprünglichen

Die Fresken der langen Eingangsdiele der Villa di Geggiano stellen die *Vier Jahreszeiten* dar; die Tür im Hintergrund ziert die Darstellung einer Heldin des sienesischen Widerstandes gegen die französische Besatzung – ein amüsantes Detail, wenn man weiß, dass ein Vorfahre der Bianchi Bandinelli unter Napoleon das Amt eines Präfekten bekleidete. Das schöne alte Holzpferd war einst ein Geschenk des Großherzogs Leopold an ein Kind der Familie.

erzählte der große Gelehrte Ranuccio Bianchi Bandinelli einem Unteroffizier die Geschichte des Anwesens, doch er ersetzte den Namen Alfieris durch den Goethes. Somit zeigen sich uns heute die Interieurs noch so, wie sie wohl zur Zeit des Dichters Alfieri und auch dreißig Jahre später noch aussahen, als Mario Bianchi Bandinelli auf dem Landgut gleichgesinnte Freidenker empfing; darunter soll, wie man sich in der Familie erzählt, auch Stendhal gewesen sein. Die Innengestaltung von Geggiano besticht durch ihren durchgehenden Stil. Da die Villa über Generationen weitgehend nur als Sommerresidenz genutzt wurde, weisen die Räumlichkeiten kaum Spuren der Zeit auf. Selbst das Blau der Tapeten und das Rot des *toile de Jouy* sind kaum verblasst, denn zum Schutz vor der Hitze waren die Fensterläden oft geschlossen. Von dem Gesamtbild geht eine einzigartige Atmosphäre aus, die geprägt ist von Fröhlichkeit und Leichtigkeit, denn schließlich war das freudige Ereignis einer Hochzeit der Grund für die damalige Neugestaltung. Die beiden Enkel von Ranuccio Bianchi Bandinelli erkoren das Anwesen zu ihrem Hauptwohnsitz, und um das Erbe zu erhalten, bewirtschaften Andrea und Alessandro Boscu Bianchi Bandinelli den verbliebenen Weinberg. Ihr Wunsch ist es, eines Tages das *teatro verde* zu neuem Leben zu erwecken. Hoffen wir, dass dieses Vorhaben von Erfolg gekrönt wird – und die Intimität von Geggiano bewahrt bleibt.

Zustand erhalten blieb. 1944 entging die Villa durch eine Notlüge des Eigentümers den Vergeltungsmaßnahmen der auf dem Rückzug befindlichen deutschen Truppen: Sich auf eine ausdrückliche Anordnung des Generalfeldmarschalls Albert Kesselring berufend,

Oben: Die ursprüngliche Küche des Anwesens ist heute ein gemütlicher Leseraum.

Rechts: Ein blütenweißer Fächer aus Straußenfedern setzt einen Akzent im blauen Salon.

Ganz rechts: Schon Stendhal muss den blauen Salon so gekannt haben.

Rechte Seite: Die Wände dieses Salons in Geggiano sind vollständig mit Gemälden bedeckt.

Oben: Der Tüllvorhang scheint seit zweihundert Jahren unverändert seine Muster auf den gepflasterten Boden zu zeichnen. Der Raum war einst der Konversation der Damen vorbehalten und wurde ironisch *ciarlatorio* genannt, »Plaudersalon«.

Rechts: In diesem Zimmer der Villa di Geggiano logierte während der letzten Jahre des 18. Jahrhunderts der Dichter Alfieri. Die Raffinesse des Raumes blieb erhalten und der französische Einfluss äußert sich in den Formen des Mobiliars, während das gemalte Dekor typisch für den italienischen Stil ist.

Ganz oben: Das Empire-Bett ist nur ein Beispiel für den eleganten, klassizistischen Stil, der in den Interieurs der Villa vorherrscht.

Oben: Die Wände der Räume im Obergeschoss scheinen nur aus Büchern errichtet worden zu sein.

Rechts: Das Esszimmer aus dem 19. Jahrhundert mit einer Darstellung aus dem Märchen von Psyche.

Links: Die Villa Montececeri, oberhalb von Fiesole, steht am Rande eines Geländes, das Leonardo da Vinci für Experimente mit seinen Flugmaschinen diente. Die Villa ist heute der ideale Ort, um das florentinische Leben ohne die Unannehmlichkeiten der Innenstadt genießen zu können. Der Teppich aus roten Blütenblättern kündigt das Ende des Frühlings an.

Montececeri im Hinterland von Fiesole

Wenn die drückende Hitze in Florenz unerträglich wird, bleibt nur noch die Flucht in die höher gelegenen Regionen, wie beispielsweise auf den sich hinter Fiesole erhebenden Montececeri, einen der höchsten Punkte des Umlandes. Die aufgegebenen Stollen in den Berghängen zeugen noch davon, dass man hier jahrhundertelang die *pietra serena* abbaute, den feinkörnigen grauen Sandstein, der das florentinische Stadtbild geprägt hat. C. und A. bewohnen eine Villa am Rande eines weitläufigen Grundstückes, das die Kuppe des Hügels einnimmt. Das in kräftigem Rot angestrichene Haus stammt aus dem 19. Jahrhundert und weist eine nüchterne Architektur auf. Eine Loggia erweitert den Hauptbau zum Garten hin und bildet eine Terrasse für die Zimmer des Obergeschosses. Das Gelände ist ziemlich uneben und abwechslungsreich. Neben dem Haus nutzte man einen felsigen Hang, um ein Schwimmbad anzulegen; dahinter wechseln sich Obstgärten, Weinberge, wilde Wiesen und Wäldchen ab. Dazwischen laden immer wieder Bänke zu einer beschaulichen Rast ein. Je nachdem, wo man gerade steht, blickt man auf die etruskischen Mauern des antiken Fiesole, auf die Hügellandschaft, durch die die Straße nach Bologna führt, oder auf die Stadt Florenz – die Domkuppel zwischen hohem Gras und Ginster hervorragen zu sehen ist ein etwas ungewöhnlicher Anblick. Man betrachtet das Anwesen mit ganz anderen Augen, wenn man weiß, dass ein Teil des Grundstückes einst Leonardo da Vinci gehörte, der hier, da der Hügel noch unbewaldet war, ein ideales Terrain für die Versuche mit seinen Flugmaschinen gefunden hatte. Heute erstreckt sich an derselben Stelle ein märchenhafter Wald.

Das Innere des Hauses ist für die Toskana äußerst originell; es weist ein Sammelsurium an italienischen Kunstobjekten und Möbeln sowie klassizistischen Einrichtungsgegenständen aus England und Frankreich auf. So hängen im Esszimmer beispielsweise zwei bedruckte Tapetenbahnen, die 1816 in Paris gefertigt wurden. Im Salon mit dem herrlichen Marmorboden steht in einer Nische eine höchstwahrscheinlich süditalienische Madonna, außerdem betrachten chinesische Statuetten aus einer gewissen Entfernung Büsten von Antonio Canova oder einem seiner Schüler. Das Obergeschoss überwältigte mich aufgrund der Unmengen an Büchern, die hier die Wände bedecken. Als Jurist in der fünften Generation kann C. nicht umhin, das gesamte Haus als eine große Bibliothek anzusehen, in der die Bücher nach einer peniblen Ordnung aufgestellt sind. Zeitgenössische Bände reihen sich problemlos neben alten, zum Teil sehr wertvollen Buchausgaben ein. In diesem Wohnsitz lebt der Geist des Quattrocento weiter: Die Leidenschaft für Bücher verbindet sich mit der Liebe zum Wein, wie es einst schon Cosimo der Ältere vorlebte. Dieses Bild vermittelten mir ganz unbewusst meine Gastgeber, als wir bei einem Glas selbst gekelterten Weißweins ins Gespräch kamen …

WOHNSITZE VON KÜNSTLERN UND SCHRIFTSTELLERN

Seit Jahrhunderten ein Land der Künstler, übt die Toskana auch in unserer Zeit noch eine große Faszination aus. Italiener und Fremde fühlen sich gleichermaßen von der landschaftlichen Schönheit, dem außergewöhnlichen Licht, der Vielzahl an künstlerischen Meisterwerken sowie den hier lebenden begnadeten Kunsthandwerkern angezogen, und viele lassen sich in der Toskana nieder oder bleiben zumindest für einen ausgedehnten Aufenthalt. Diese Tendenz machte sich bereits im 19. Jahrhundert bemerkbar, ausgehend von den Engländern, dann gefolgt von den Amerikanern, darunter so berühmte Persönlichkeiten wie Henry James oder Graham Greene. Seitdem gab es immer mehr Künstler aus aller Welt, wie Igor Mitoraj, Fernando Botero oder Niki de Saint Phalle, die dazu beigetragen haben, in der Allgemeinheit das Bild der Toskana als Eldorado für Kunstschaffende zu verbreiten. Der Erfolg eines Buches wie *Die Sonne der Toskana* der Amerikanerin Frances Mayes, für die Toskaner, die sich nicht unbedingt darin wieder erkennen, vielleicht überraschend, belegt die Macht dieses Mythos. Im Folgenden öffnen uns einige der Kreativen, die sich für die Toskana als Wahlheimat entschieden haben, die Türen zu ihren Häusern oder Ateliers.

Das Atelier in einer Kapelle bei Siena

Irgendwie hätte ich Gérard Fromanger nie in der Toskana vermutet. Mit seinem Namen verbinde ich eine witzige kleine Episode aus dem Herbst 1968. Die Erinnerung an die Studentenrevolte im Mai '68 war noch frisch, und Gérard hatte in einer Pariser Straße mehrere rote Plastikkugeln installiert. Jean-Luc Godard filmte die Reaktionen der perplexen oder amüsierten Passanten, bis die Polizei, verrannt in die Idee einer subversiven Gefahr, die Kugeln zerstörte.

Oben: In einer verlassenen Kapelle bei Siena mit herrlichen Ausblicken auf die Landschaft hat Gérard Fromanger sein Atelier eingerichtet. Ein etwas wunderlicher Pfarrer hatte hier seine Memoiren eingemauert.

Oben: Beim Besucher stellt sich eher ein Gefühl von Frieden als von Einsamkeit ein. Von dem hoch gelegenen Anwesen kann man ringsherum weit über das Land blicken.

Rechte Seite: Farben, Bücher, Bilder – das Atelier des Künstlers in der ehemaligen Kapelle: Ein Glasfenster im Dach sorgt für ein gleichmäßiges Licht. Die rote Plastikkugel ist ein Souvenir aus einer bewegten Zeit, Mai 1968 in Paris …

Oben: Der Winter in der Toskana ist oft kalt und feucht. Der Backsteinkamin bildet das Zentrum des großen Wohnraumes im Erdgeschoss, wo der Hausherr schon Mandelgebäck und Süßwein bereitgestellt hat.

Rechts: Ein strahlend roter Tulpenstrauß und ein Spiegel genügen dem spartanischen Esszimmer als Schmuck.

Aber natürlich assoziiere ich mit Gérard auch jene großflächigen Bilder, auf denen sich opake Silhouetten vor einem extrem scharfen Hintergrund abheben. Ihre Entstehung ist untrennbar mit den Dimensionen sowie dem besonderen Licht des Künstlerateliers verknüpft, in das er sich gerne mehrere Monate des Jahres zurückzieht. Vor 25 Jahren entdeckte Gérard die aufgegebene Kapelle mit ihrem Pfarrhaus in der Nähe von Siena. Mit ihren eingestürzten Dächern sahen die Gebäude fast schon wie Ruinen aus. Doch der Ort hatte eine Geschichte zu erzählen: Ein etwas wunderlicher Pfarrer hatte dort angeblich seine Memoiren eingemauert; ein Stockwerk soll der käuflichen Liebe gedient haben – hinter der friedlichen Stille verbargen sich also Leidenschaft und Kummer. Wenn das für einen Künstler nicht Anreiz genug ist, sich hier niederzulassen!

Der Weg dorthin ist schwer zu finden. Ungefähr zwanzig Kilometer südöstlich von Siena muss man von der Via Aurelia abzweigen, und der weitere kurvenreiche Weg führt durch die Crete Senesi, erst auf Landstraßen, dann auf ungepflasterten Wegen. Meinen ersten Besuch stattete ich dem Atelier an einem Wintertag ab. Über der Landschaft lag Nebel, von einigen umliegenden Gehöften stieg Rauch auf, und das Motorengeräusch meines Wagens drang kaum durch die Stille, sodass meine Ankunft nicht einmal bemerkt wurde. Eine Katze führte mich dann zu dem Hausherren. Ich fand ihn vor dem Kaminfeuer sitzend, mit einem Glas Weißwein und *cantucci* auf dem rustikalen Holztisch – wir sind beide aus Paris, doch dieses Treffen entbehrte jeglichen städtischen Gehabes. Nach nunmehr 25 Jahren fühlt sich Gérard hier wie zu Hause. Dem Künstler, liebevoll *maestro* genannt, bringt man in dieser Gegend, in der die Liebe zur Kunst tief verwurzelt ist, Respekt und freundliche Zuneigung entgegen. Der beste Beweis dafür ist, dass die Stadt Siena ihn bat, eine Darstellung des Palio zu zeichnen. Bevor ich wieder abfuhr, zeigte mir Gérard noch die Kapelle, in der einzig der Altarsockel mit dem schönen schwarz-weißen Marmorboden von der einstigen Bestimmung des Gebäudes zeugt. Ansonsten breiten sich die Utensilien des Künstlers aus, Pinsel und Kreiden, umgedrehte Rahmen und fertig gestellte Gemälde, Bücher und Plakate ... Eine Öffnung im Dach sorgt für gleichmäßiges Licht, aber sobald die Temperaturen wieder milder werden, öffnet Gérard das alte Kirchenportal dem Sonnenschein und genießt den Blick auf die malerische Landschaft mit den markanten Zypressen.

Oben: Mitten in den Crete Senesi liegen Atelier und Wohnsitz des Künstlers Gérard Fromanger. Die geschützte Landschaft blieb glücklicherweise von asphaltierten Straßen verschont.

Piero und Nathalie Sartogo setzten bei der Einrichtung ihres Wohnsitzes auf Purismus. Farbliche Akzente werden beispielsweise von den Stühlen im Esszimmer oder den Betten in den Schlafzimmern gesetzt.

Ein Architektenpaar und sein Haus im Chianti

Beim Anblick eines seltsamen Kreises aus Zypressen auf einer Hügelkuppe weiß man, dass es nach Poggiarone, gut zehn Kilometer nordöstlich von Siena, nicht mehr weit ist. Von einer kleinen Landstraße biegt man in die Allee ein, die zwischen Weinstöcken zu dieser pflanzlichen Rotunde führt. Etwas tiefer liegen die Gebäude von Poggiarone, das auf eine lange Geschichte zurückblickt, wie Nathalie Sartogo erklärte. Ein herrschaftlicher Turm aus dem 11. Jahrhundert wurde gegen Ende des 16. Jahrhunderts in ein Wohnhaus umgewandelt und um einen Wachturm ergänzt. Für das Architektenpaar war es nicht einfach, mit dem Vorhandenen zu arbeiten, da vieles schon sehr beschädigt war. Doch nachdem sich Piero und Nathalie Sartogo nach und nach von ihren vorgefassten Plänen getrennt hatten, gelang es ihnen, den wahren Charakter des Gebäudes herauszuarbeiten. Piero, der gerade die Arbeit an der neuen italienischen Botschaft in Washington beendet hatte, entwarf gemeinsam mit Nathalie eine Gestaltung von größtmöglicher Einfachheit.

Die im ersten Stock gelegene Loggia an der Hauptfassade wird im Winter mit Schiebefenstern geschlossen, auf die kein verräterischer Rahmen hindeutet; während der Sommermonate verschwinden sie im Mauerwerk. Der Kalkputz der Innenwände wurde mit Marmorstaub gemischt und mit natürlichen Pigmenten der Region, Ocker und Sienaerde, eingefärbt. Die Farbpalette der Einrichtung setzt ganz auf natürliche Holz- und Leinentöne. Kein Kunstwerk an den Wänden lenkt von den Fenstern ab, die den Blick auf die Landschaft und die Blumen des Gartens wie Bilderrahmen einfassen. In dem ehemaligen Wachturm, der zum Gästehaus umfunktioniert wurde, begegnet einem dieselbe Schlichtheit. Piero und Nathalie bewahrten den breiten Lichtschacht, der dem Besucher beim Eintreten ein beeindruckendes Gefühl von Vertikale vermittelt. Auch der Garten wurde in das gestalterische Gesamtkonzept eingebunden; er fügt sich in das farbliche und lineare Bild der Landschaft: Das Silbergrün der Olivenbäume, das dunkle Grün der Zypressen, weiße Rosen, gelbes Heiligenkraut und zart violetter Lavendel setzen dezente farbliche Akzente. Von Poggiarone aus erkennt man im Vordergrund die Villa di Geggiano, dahinter Siena und die Hügel des Chianti. Nichts beengt das Blickfeld, und während ich den Kindern des Hauses beim Spielen zusah, habe ich verstanden, warum Nathalie so hübsch von ihrem »Sonnenhaus« sprach.

Links: Das Hauptgebäude hinter der uralten Zypresse wurde mit Respekt für seine Geschichte restauriert, was von der sachkundigen Bescheidenheit der Hausherren zeugt.

Oben: Der einstige Wachturm erhebt sich hinter einem Lavendelfeld und dient als Gästehaus. Von dem sonnenverwöhnten Garten aus erblickt man die Villa di Geggiano, Siena und die Hügel des Chianti.

Rechts: Federico Forquet richtete in Cetona dieses große, luxuriöse Gästezimmer ein, das sich durch Eleganz bis ins kleinste Detail auszeichnet – beispielsweise durch die herrliche Gouache über dem Sekretär.

Rechte Seite: Das Rundbogenfenster in Federicos Arbeitsraum rahmt den Ausblick auf Cetona und die Hügellandschaft. In der gewollten Symmetrie des Interieurs wird dieser Blick zum gestalterischen Glanzstück erhoben.

Ein eleganter Landsitz bei Cetona

Da ich Federico Forquets Wohnsitz in Rom ebenso wie den Garten bei Cetona schon gut kannte, war ich gespannt auf die zu erwartende Raffinesse in den drei Häusern, die er gemeinsam mit Matteo Spinola gebaut hatte. Das erste, bestehend aus zwei großzügigen, hellen Räumen, die ineinander übergehen, dient dem berühmten Innenarchitekten Federico sozusagen als Atelier oder als Studierzimmer und ist angefüllt mit Kunstmagazinen. Einer der beiden Räume bietet mit einem Rundbogenfenster eine fantastische Aussicht auf das etruskische Cetona. Über einen von Lavendel gesäumten Pfad gelangt man zum Gästehaus. Im Erdgeschoss liegen die Wohnräume, deren bis ins kleinste Detail stimmiges Dekor an eine gelungene Landschaftsarchitektur denken lässt: die gemalten Farnmotive auf manchen Gegenständen, die alten Muster oder auch die Motive der Stoffe. Die Wände des letzten Salons verschwinden vollständig hinter Gemälden des 19. Jahrhunderts, darunter viele Studien und Skizzen in einem sehr freien Stil gemalt, die die Hausherren größtenteils in Paris erstanden. Ein subtiles Farbenspiel wurde hier inszeniert, indem die Grünnuancen des Interieurs jeweils ihre Entsprechung im Garten finden. Das weitläufige, helle Gästezimmer im Obergeschoss geht auf den Innenhof, den Buchsbaumgarten, in dem ich eine Schildkröte ihres Weges gehen sah.

Der Salon mit den Gemälden ist dagegen einem Obstgarten zugewandt, der im Frühling in voller Blüte steht. Dort errichteten die Hausherren einen Musikpavillon, der sich nach allen Seiten zum Garten öffnet. Das Hauptgebäude liegt etwas tiefer als das Gästehaus, auf der anderen Seite des Innenhofes. Es ist das einzige Gebäude, in dessen neue Architektur einige alte bauliche Überreste integriert wurden. Das Interieur präsentiert dem Betrachter eine Synthese des Stils Federicos: Mit den Objekten auf einem Konsoltisch im Eingangsbereich ist die Antike vertreten; die Einrichtung eines weiteren Studierzimmers lässt seine neapolitanische Abstammung, sein archäologisches Interesse und seine Vorliebe für klassizistisches Mobiliar erkennen. Vor allem aber wurde dem Gebäude das Wesen eines Landhauses gegeben, dessen Öffnungen stets den Bezug zur Natur herstellen. Das Arbeitszimmer ist wie ein Wintergarten nur durch ein Glasfenster vom Salon getrennt – ein subtiles Spiel mit Übergängen, dem nichts Gekünsteltes innewohnt. Das luftige Gebäude mit den vielen unterschiedlichen Ausblicken, findet seine natürliche Erweiterung in dem Garten mit der Laube und dem Schwimmbecken. Manchmal liegt über ihm wie über der toskanischen Landschaft ein Hauch von Melancholie – doch vor allem verleiht sein Charme der raffinierten Lebensart der Hausherren eine meditative Dimension.

Eine Chaiselongue aus Weidenge-
flecht ist das wichtigste Stück des
Musikpavillons. In Anlehnung an seine
Wurzeln ließ Federico Forquet den
Boden mit glasierten neapolitani-
schen Terrakottafliesen auslegen –
eine unerwartet leuchtende Farbe
für die Toskana.

Ein New Yorker Künstler in San Casciano dei Bagni

Da ich Joseph Kosuth oft in Rom getroffen hatte, wusste ich, dass er seit langem ein Haus im südlichsten Teil der Toskana, in der Nähe von San Casciano dei Bagni, besitzt. Noch bevor der gebürtige New Yorker daran dachte, einen Großteil des Jahres in Rom zu verbringen, hatte er sich bereits in diese Gegend verliebt, deren Landschaft noch wilder und ursprünglicher als die der Crete Senesi ist. Sein Haus liegt am Ende eines ungepflasterten Weges und öffnet sich auf ein herrliches Panorama, das den Blick auf San Casciano, Radicofani und den Monte Amiata einschließt. Rings um das Anwesen erstrecken sich Eichenwälder und Olivenhaine, zwischen denen ein sardischer Hirte seine Herden grasen lässt – ein absoluter Kontrast zu der amerikanischen Metropole oder auch zu der italienischen Hauptstadt. Wenn man nicht in der Ferne dörfliches Leben erahnen würde, könnte man sich auf dem Anwesen Podere del Frassino wie am Ende der Welt fühlen. Wie in den meisten Bauernhäusern der Region war auch hier einst im Erdgeschoss das Vieh untergebracht, während die Wohnräume im Obergeschoss lagen. Statt der Ställe richtete Joseph Kosuth unten die Küche, das Esszimmer und ein Gästezimmer ein, und im Obergeschoss befinden sich die Schlafzimmer der Familie. Das gesamte Haus ist von großer Einfachheit geprägt. An den Wänden hängen einige Plakate von Josephs Ausstellungen, insbesondere in der Stiftung Querini-Stampalia in Venedig und der Villa Medici in Rom, außerdem erinnert ein akademisches Gemälde des 19. Jahrhunderts aus Belgien, das einen nackten Mann bei der Betrachtung eines Schädels darstellt, an den langen Aufenthalt des Künstlers in Gent. Man ist nicht auf den Besuch zahlreicher Gäste eingestellt, denn das Haus ist allem voran ein Refugium, in dem Joseph seine Projekte in den Vereinigten Staaten, in Australien, der Türkei oder in Deutschland vorbereitet. Unter dem Vordach stehen Stühle und ein einladender Tisch aus Holz, an dem man bei einem Glas kühlen Weines eine der vollkommensten Landschaften der Toskana genießen kann, in der sich unzählige alte Bauernhäuser abzeichnen – das nächstgelegene gehört übrigens dem niederländischen Künstler Jan Dibbets. Besonders am Abend ist der Ausblick zauberhaft, denn die Dörfer am Horizont bilden eine Kette aus Lichtern, während zwischen den Olivenbäumen im Juni die Glühwürmchen funkeln.

Links: Diesen herrlichen Blick auf die Region von San Casciano dei Bagni können Joseph und Cornelia Kosuth von der Terrasse ihres Schlafzimmers genießen.

Ganz oben und oben: Unter dem Vordach des Hauses, das von der Einfachheit alter Bauernhäuser ist, laden Tisch und Bänke zu gemütlichen Gesprächen ein.

Ganz oben: Ein Wohnsitz bei Carrara: Die Bronzelampe und der kunstvolle Kamin wurden von dem Hausherren, Ivan Theimer, persönlich entworfen. Das Frauenantlitz links im Hintergrund wirkt sehr lebendig. Selbst in den kleinsten Details spürt man die Gestaltung des Künstlers.

Oben: In Ivans Atelier befindet sich eine Sammlung von Gipsmodellen.

Rechte Seite: Noch mehr als die Arbeit mit Ton liebt Ivan das Modelieren mit Wachs, da dieses Material das Herausarbeiten feinster Details erlaubt.

In der Nähe von Pietrasanta, im Land des Marmors und der Bronze

In der Region von Lucca lernte ich 1988 Ivan Theimer kennen. Der Kulturausschuss der Stadt Paris, den ich damals leitete, hatte ihm den Auftrag für ein Denkmal der Menschenrechte anlässlich der Zweihundertjahrfeier der Französischen Revolution erteilt. Das aufwändige Denkmal sollte zahlreiche bronzene Elemente – lebensgroße Statuen sowie zwei aufragende Obelisken – integrieren, die noch dazu unter Termindruck gefertigt werden mussten. Der Künstler war beunruhigt, und so machte ich mich selbst auf den Weg zu der Gießerei in Pietrasanta. Letztendlich gelang es aber doch, dank der präzisen Anweisungen von Ivan Theimer und des Sachverstandes der Kunsthandwerker in der Gießerei, das Denkmal am vorgesehenen Datum auf einer der Alleen des Marsfeldes am Eiffelturm einzuweihen.

Ivan Theimer und seiner Frau Olga gehört ein Häuschen am Hang in Monteggiori bei Pietrasanta. Das Dorf dominiert die einst malariaverseuchte Küstenebene von Versilia und Viareggio, an der sich heute Treibhäuser mit Gemüse- und Obstkulturen aneinander reihen. Monteggiori wurde von den alteingesessenen Familien aufgegeben, stattdessen siedelten sich nach und nach Fremde an, die die Schönheit der Landschaft in ihren Bann geschlagen hatte. Der Wohnsitz der Theimers verfügt über drei Stockwerke, und das Atelier des Hausherren öffnet sich auf einen Garten, in dem ein Mispelstrauch, ein Orangenbaum und zwei Zypressen stehen. Das Interieur wurde in einem modernen und eher strengen Stil gehalten. Doch der zart getönte Zementputz, die Vorhänge aus rohem Leinen mit den Holzringen sowie die Form der Fenster könnten geradewegs aus Fra Angelicos Gemälde *Die Heilung des Diakons Justinian* stammen. Die Fenster- und der Türrahmen sind aus unpoliertem Marmor – was anderenorts Luxus wäre, ist hier, nur wenige Kilometer von Carrara entfernt, ein allgemein gebräuchliches Material. Die schlicht gehaltene Architektur bildet den idealen Hintergrund für eine Vielzahl an Gemälden, Zeichnungen, Skulpturen, ganz abgesehen von den Büchern, die sich im ganzen Haus stapeln. Die vielen kleinformatigen Gemälde geben einen Hinweis auf Ivans Reiselust: Darstellungen des Mittelmeerraumes, Ägyptens, Indiens und jener Landschaft der Drôme, die den seltsamen Namen Roche Saint Secret – Fels des heiligen Geheimnisses – trägt.

Oben: In Monteggiori stapeln sich an
jedem freien Fleckchen Bücher über
Kunst und Kunstgeschichte, wie hier
unter einem großformatigen Ölbild
von Ivan in einer Ecke des Salons.

Rechts: Das Badezimmer mit einem
antiken Frisiertisch, den Zeichnungen
an den Wänden und den Fensterrah-
men aus unpoliertem Carrara-Marmor ist Ausdruck des Leitmotives des
Hauses – die Vielfalt der Objekte
adelt den Alltag.

Die klassische Antike ist allgegenwärtig, insbesondere in den vom Künstler vielgeliebten Druckformen und Sinnbildern, wie Schildkröte oder Obelisk.

Überall im Haus stößt man auch auf Indizien für Ivans unablässige Forschungen zu Motiven, die mich schon 1989 faszinierten. Damals hatte Ivan Abdrücke hunderter von Medaillen aus der Zeit der Revolution genommen, die das Musée Carnavalet in Paris beherbergt. Denn abgesehen von der geometrischen, rationalen Struktur seiner Skulpturen begeistern seine Werke durch ihre barocke Üppigkeit im Detail.

Der Obelisk, Symbol eines beherrschten Strebens ins Unendliche, wird bei ihm gleichzeitig zum Träger für eine Vielzahl an Zeichen, deren Überladenheit das beruhigende Gleichgewicht der Architektur ins Wanken zu bringen scheint. Ivans Arbeit ist ein Beweis dafür, inwieweit sich ein Umfeld prägend auf einen Künstler auswirken kann, denn er wurde im mährischen Olmütz geboren und durchlief die klassische Ausbildung in einer der Kunstakademien des ehemaligen Ostblocks.

Ein aufmerksamer Betrachter wird sich nach und nach bewusst werden, dass diese Überfülle der Details auch in seinem gesamten Haus vorherrscht: nicht nur in den aus Urbino-Stein gehauenen Treppengeländern oder Reliefs des Kamins, sondern ebenfalls in den Fensterknäufen oder manchen Möbelbeinen.

Dennoch wirkt diese Pracht trotz der relativ kleinen Räume niemals erdrückend. Zu drei Seiten öffnet sich das Haus dem Tageslicht. Die Fenster sowie die Terrasse über dem Atelier bieten malerische Ausblicke auf die Berge und das Mittelmeer. Bei guter Sicht kann man bis nach Korsika blicken. Hier saßen wir an Sommerabenden bei Gespräch und Wein zusammen, während unter uns in der Ebene bis zum Meer tausend Lichter funkelten.

Man kann sagen, dass der Wohnsitz mit den sehr zeitgenössischen Arrangements dieselben Kontraste, dieselben Widersprüchlichkeiten wie Ivan selbst aufweist: Der leidenschaftliche Nomade ist seinen Wurzeln treu verbunden; verheiratet mit einer Italienerin aus Friaul, der Region, die der slawischen Welt am nächsten liegt, pendelt er zwischen der Toskana und Paris und bestückt die realen und imaginären Landschaften mit den stets geheimnisvoll und tiefgründig anmutenden Reminiszenzen an Olga und die beiden Söhne.

Ganz links: Erinnerungsstücke eines Weltreisenden prägen die Interieurs des Hauses von Alain Vidal-Naquet bei Cortona.

Links: Das alte Bauernhaus ist ein ideales Refugium zum Schreiben, aber auch zur Lektüre.

Rechte Seite: Das rustikale Haus im Schutze eines Hügels wird den ganzen Tag von der Sonne beschienen.

Ein schreibender Diplomat in der Nähe von Cortona

Alain Vidal-Naquet kann auf eine lange Karriere zurückblicken. Er begann im Palazzo Farnese an der Seite von Gaston Palewski, dem Botschafter von General Charles de Gaulle in Italien, und stand später im Dienste der Vereinten Nationen in Rom sowie in New York. Schließlich verspürte er das Bedürfnis, sich nach einem Rückzugsort umzusehen, und 1963 erwarb er in der Nähe von Cortona, im Herzen der antiken Provinz Etrurien, ein einfaches, abgeschiedenes Landhaus. Es trug den Spitznamen Casa del Gatto – Haus der Katze –, da man sich von dem früheren Besitzer erzählte, er könne bei Nacht sehen. Wenn auch die Architektur nicht außergewöhnlich ist, so wurde der Standort mit größtem Bedacht gewählt, wie es bei ländlichen Häusern oft der Fall ist. Das Gebäude profitiert aufgrund seiner Ausrichtung den ganzen Tag über von den Sonnenstrahlen, was besonders während der strengen Wintermonate von Vorteil ist. Das nächste Dorf liegt genau auf der Grenze zwischen der Toskana und Umbrien, doch der durch Hannibals Sieg berühmt gewordene Trasimenische See wird von den Hügeln verdeckt, in denen sich damals die karthagischen Truppen verbargen. Nach Süden und Westen kann man dagegen weit über das Land blicken, auf den Monte Amiata, nach Montepulciano oder auf die Val di Chiana. Seit 1990 ist das Haus der Hauptwohnsitz von Alain Vidal-Naquet. In den dreißig Jahren, die inzwischen vergangen waren, hatte sich die Gegend zunehmend geöffnet, und viele Fremde, besonders Schriftsteller und Maler, siedelten sich hier an. Es wäre jedoch ein Trugschluss zu glauben, dass das intellektuelle Leben erst vor kurzem Einzug gehalten hätte.

Das bedeutendste Anwesen der Umgebung, im Besitz der Grafen Morra, war bereits zu Zeiten des Faschismus ein Treffpunkt für Liberale, und Alberto Moravia schrieb dort sein Werk *Gli indifferenti*. Gino Severini stammte aus Cortona und das Stadtmuseum rühmt sich einer Vielzahl seiner Gemälde. Es ist also nicht verwunderlich, dass sich Alain Vidal-Naquet, Spross einer Familie von Intellektuellen und Philosophen, hier heimisch fühlt und die Gegend für seinen Ruhestand wählte. Die Casa del Gatto entspricht ganz der Vorstellung eines Schriftstellerdomizils: nur wenige, kleine Räume, in denen sich Bücher und Erinnerungsstücke stapeln. Das Arbeitszimmer im ersten Stock erhält viel Licht, auch wenn die Fenster sehr klein sind, damit die Aussicht nicht von der Arbeit ablenkt. Hier in diesem Refugium unter einem Bleistiftporträt, das Setsuko, die Frau des Malers Balthus, von ihm anfertigte, widmet sich Alain, nachdem er viel über den Hunger in der Welt und über Entwicklungshilfe geschrieben hat, dem Studium der Archive der Nachbarschaft. So durfte ich mit großem Genuss eine Antwort von Karl Marx an seinen französischen Verleger lesen, der ihm vorschlug, *Das Kapital* als Feuilleton zu veröffentlichen. In diesem Raum schreibt Alain aber auch an seinen Memoiren, an den tausend Anekdoten, die er in seinem Berufsleben als Diplomat oder im Dienste des internationalen Staatenbundes sammeln konnte, »immer am Puls der Geschichte«, wie er es selber auf den Punkt brachte.

DAS KULTURELLE ERBE

In einem Land, in dem die Kunst den Alltag durchdringt, gilt es neben berühmten Baudenkmälern und Museen noch eine Vielzahl von Kleinodien im Verborgenen zu entdecken. Reizvolle Museen öffnen uns ihre Pforten, traditionsbewusste Kunsthandwerker und Kunstschaffende gewähren uns Einblick in ihre Welt.

In der Toskana darf man stolz sein auf das große kulturelle
Erbe vieler Jahrhunderte, darüber hinaus hat man hier verstanden, dass dieser Reichtum nicht Erstarrung oder Stillstand
bedeuten darf. Auch die toskanischen Museen, wie allerorts Tempel der Konservierung, können sich nicht der europaweiten Tendenz zu mehr Besucherfreundlichkeit verschließen. Es ist jedoch
auch hier nicht leicht, die traditionel-
len Handwerkskünste zu bewahren
und weiterzugeben, die auch bei dem
Erhalt alter Kunstwerke eine entscheidende Rolle spielen – Innovation und
Restauration sind untrennbar miteinander verknüpft.

Das folgende Kapitel möchte kein
Inventar erstellen, aber es soll einen
Eindruck vermitteln von der vorhandenen Vielfalt an kleinen Museen und
willensstarken Kunsthandwerkern,
die alte traditionelle Techniken aufrechterhalten und weiter verfeinern.

Oben: Die älteste Marmorwerkstätte
in Pietrasanta besitzt eine beachtliche Sammlung von Gipsmodellen:
Über einem Flachrelief, das das Letzte
Abendmahl darstellt, thront eine
verkleinerte Kopie von Michelangelos
David.

Vorhergehende Doppelseite: Das
Museum Frederick Stibbert zeigt den
vielfältigen Geschmack und die
raffinierte Lebenskunst eines der
außergewöhnlichsten Mitglieder der
englischen Gemeinschaft in Florenz
im 19. Jahrhundert.

Oben: Kostbare, aber empfindliche
Pracht: Die Decke eines prunkvollen
Saales des Museums Stibbert zieren
alte Fahnen der sienesischen *contrade*.

Rechte Seite: Das Museum Stibbert
befindet sich in dem einstigen Wohnsitz seines Gründers. Die Villa vor
den Toren von Florenz wurde mit Anwachsen der Sammlungen erweitert
und verfügt über einen Park, in
dem diese herrliche Rotunde steht.

REIZVOLLE MUSEEN

Die Toskana als Heimat unvergleichlicher Künstler war von jeher
auch die Wiege der Mäzene und Sammler. Das Konzept des modernen Museums ist weitgehend auf die Kunstbegeisterung der
Medici zurückzuführen. Man müsste über Jahre hinweg die bedeutenden Museen in Florenz besuchen, um sie wirklich zu kennen.
Doch auch alle anderen großen Städte der Toskana verfügen über
ein oder mehrere namhafte Museen, die wie die Pinakothek in
Siena weltweit einzigartige Sammlungen beherbergen; selbst kleinere Orte wie Chiusi, Pienza, Montalcino oder Sansepolcro hüten
kostbare Kunstschätze, die einen Besuch wert sind. In der Toskana
ist das Museum keine Einrichtung, die einer Elite vorbehalten
ist, denn es ist verankert im Bewusstsein der Bevölkerung und die
ständige Gegenwart der alten Meisterwerke ist Teil der Lebensart.

Oben: Frederick Stibbert war ein Experte auf dem Gebiet der Dekorativen Kunst, wie die punzierten Ledertapeten in diesem Raum des Museums zeigen.

Rechts: Die große Leidenschaft Stibberts galt den Waffen und Rüstungen. Ein riesiger Saal im mittelalterlichen Stil beherbergt ein ganzes Regiment an Reitern in Rüstung, die zum Angriff bereit scheinen.

Rechte Seite: Die Fahnen der sienesischen *contrade* sind zu einem prächtigen Deckenbild zusammengefügt.

Versteckte Museen in Florenz

Florenz nimmt selbstverständlich eine Sonderstellung ein. Kleinodien wie das Museum Horne mit der überschaubaren Sammlung eines privaten Kunstliebhabers machen den Charme der Museumsstadt aus. Es befindet sich nahe der Basilika Santa Croce, in der Michelangelo seine letzte Ruhestätte fand. Der englische Kunsthistoriker Herbert Percy Horne legte den Grundstock zu der Sammlung und seine Leidenschaft für das Quattrocento ist noch immer in dem Gebäude spürbar, selbst wenn sich eine gewisse Nostalgie dazugesellt hat; ein Gefühl, das den Besucher auch im Palazzo Davanzati beschleicht, der das Museo della Casa Fiorentina Antica beherbergt, das einen Überblick über den florentinischen Wohnstil vergangener Epochen gibt – zur Zeit wird es jedoch renoviert.

An einem der Hänge nördlich der Stadt befindet sich das geradezu spektakuläre Museum Stibbert, das aber leider leicht übergangen wird. Frederick Stibbert wurde 1838 als Sohn eines Obersten der britischen Armee und einer toskanischen Mutter geboren. Sein Großvater väterlicherseits hatte ihm ein großes Vermögen hinterlassen, das er in Indien erworben hatte. Seine große Begeisterung galt dem Mittelalter, und so sah man Stibbert 1887 in antiker Rüstung bei den Festlichkeiten zur Fertigstellung der Domfassade mitwirken. Er war seinerzeit nicht nur ein großer Kenner von Waffen und Uniformen, sondern gleichfalls in der Wappenkunde, der Trachtenkunst und dem Möbelbau versiert. So sammelte er sein ganzes Leben lang Dinge, die über die Bräuche von einst Aufschluss gaben. Er war aufgewachsen mit Erzählungen über die Abenteuer von Familienmitgliedern in Indien, und als sich Japan dem Westen öffnete, war er einer der ersten, der bedeutende Zeugnisse der Kultur der Samurai mit ihren Helmen und lackkunstverzierten Brustpanzern zusammentrug. Die eleganten indischen Rüstungen mit Bemalungen im Stile der Kaschmirstoffe sind ebenfalls in dem Museum zu sehen.

Das weitläufige Gebäude, das Stibbert errichten ließ, beherbergt viele Kostbarkeiten: Neben dem Saal der Kavalkade, in dem die beiden Reihen der Reiter in Rüstungen sich jeden Moment in Bewegung zu setzen scheinen, zeugen andere, kleinere und schön möblierte Räume von einer raffinierten Lebensart – manche wirken

gar, als seien sie erst vor kurzem von ihren Bewohnern aufgegeben worden. Die Villa, die mit dem Anwachsen der Sammlungen nach und nach vergrößert worden ist, ist selbst ein geschichtliches Zeugnis: Sie belegt die Leidenschaft für das Mittelalter, die unter den Engländern, die im 19. Jahrhundert Florenz bevölkerten, so verbreitet war. Der neugotische Stil entsprang nicht nur einer ästhetischen Vorliebe Stibberts, denn wenn es galt, ein Objekt zu restaurieren oder zu vervollständigen, wurden sogar Kunsthandwerker in seinem Stadtpalais untergebracht. Andere Bereiche des Gebäudes lassen einen moderneren Stil erkennen und das Bestreben, intimere Räumlichkeiten für das Familienleben zu schaffen. Heute verwaltet eine Stiftung das Museum, die sehr um den Erhalt der ursprünglicher Atmosphäre bemüht ist, die Säle im Sinne des Gründers nach und nach renoviert und den großen Park wieder instand setzt.

Rechts: Jedes Viertel von Siena besitzt sein eigenes Memorial. In dem Heiligtum der Contrada del Nicchio hängt diese moderne Darstellung des Palio von Valerio Adami; andere stammen aus dem 18. Jahrhundert.

Ganz rechts und rechte Seite: Einblicke in das fürstliche Reich eines Alabasterhändlers des 19. Jahrhunderts: der Palazzo Viti in Volterra.

Die Kunstschätze von Siena

Siena bleibt dem Besucher ebenfalls nichts schuldig. Während die staatliche Pinakothek einen vollständigen Überblick über die Sieneser Schule bietet, wartet das Museo dell'Opera Metropolitana, das Dommuseum, mit anderen Schätzen auf. Die 1311 von Duccio fertig gestellte Maestà, ein riesiger Polyptychon, wurde einst von einer Prozession begeisterter Sienesen vom Atelier des Künstlers zu seinem Platz auf dem Hochaltar des Doms getragen. Doch auch kleine Gemälde, die der Meister für bescheidene Dorfkirchen gemalt hatte, laden zu langen Betrachtungen ein. Eine Treppe führt auf die Spitze des Facciatone, der großen Fassade des unvollendeten Domschiffes – es lohnt sich, die fast zweihundert Stufen zu erklimmen, denn das Schauspiel, das sich von einem ersten Absatz und von ganz oben aus bietet, ist grandios.

Weniger überlaufen und nur selten außerhalb der Festlichkeiten des Palio geöffnet sind die kleinen Museen der einzelnen *contrade* von Siena – sie sind die Treuhänder der sienesischen Seele. Neben Trophäen und Fahnen werden hier die Uniformen für den Palio aufbewahrt. Die Nobile Contrada del Nicchio gewährte uns Einblick in ihr Allerheiligstes, und zwischen den Trophäen gegenüber den abgenutzten Seidenstoffen aus dem 18. Jahrhundert entdeckten wir eine Darstellung des Palio von Valerio Adami. An das kleine Museum grenzt die Kirche, in der das Pferd vor dem Rennen unter dem Wappen der *contrada* mit der Muschel und den beiden Korallenzweigen den göttlichen Segen empfängt.

Die Museen von Volterra

Eine Zwölftausend-Einwohner-Stadt wie Volterra besitzt mindestens vier sehenswerte Museen. Am bekanntesten ist wahrscheinlich, aufgrund seiner außergewöhnlichen Sammlung von Urnen aus Terrakotta oder Alabaster, das etruskische Museum. Die Pinakothek, in der einige Meisterwerke, wie die *Kreuzabnahme* von Rosso Fiorentino, beherbergt sind, befindet sich in der engen Via dei Sarti. Aber auch das Museum für Sakrale Kunst und der Palazzo Viti sind eine Besichtigung wert. Letzterer wurde von dem berühmten Baumeister Bartolomeo Ammannati Ende des 16. Jahrhunderts für eine Adelsfamilie erbaut. 1850 erwarb der Alabasterhändler Benedetto Giuseppe Viti den Palast. Der weit gereiste Mann, den ein Gemälde bei einem Alabastertransport durch die Anden darstellt, erhielt sogar die Titel eines Wesirs und Emirs von Nepal – in einer Vitrine ist das Festgewand ausgestellt, das er zu diesem Anlass trug, nur die Edelsteine wurden durch Imitationen ersetzt. Für den Empfang des Königs Viktor Emanuel II. im Jahre 1861 wurde der Palazzo prachtvoll verschönert. Die Familie Viti, die noch heute den Palast bewohnt, gestattet die Besichtigung der kaum veränderten Gemächer. Es verwundert nicht, dass Luchino Visconti den ungewöhnlichen Wohnsitz mit den beiden riesigen, von Kaiser Maximilian georderten Alabasterkandelabern zum Schauplatz der Dreharbeiten für seinen Film *Sandra* wählte.

TRADITIONELLES UND KREATIVES KUNSTHANDWERK

Seit Jahrhunderten rühmt man die Toskana ihrer erstklassigen Kunsthandwerker wegen. Florenz ist zwar Sitz der meisten Zünfte, aber es gibt in der ganzen Region kaum eine Stadt, die nicht für ein oder mehrere Metiers berühmt ist. Volterra ist die Stadt der Alabasterbearbeitung, Arezzo die der Goldschmiedekunst und Impruneta ist bekannt für seine Terrakottawaren. Da in der Toskana das Kunsthandwerk schon früh von Adel und Handel gefördert wurde und die Großherzöge die Gründung von Manufakturen vorantrieben, nahm die Region in Europa eine führende Position ein. An diese prachtvolle Vergangenheit knüpft man auch heute noch an. Das wird beispielsweise bei einem Besuch des Porzellanmuseums in Sesto Fiorentino deutlich, dessen Grundstock die Sammlungen der Manufaktur Ginori bildeten. In diesem Umfeld findet auch der Antiquitätenhandel seinen Platz. Viele renommierte Händler haben hier ihren Sitz; und bei zahlreichen Veranstaltungen – von der prestigeträchtigen Biennale bis zu den monatlich stattfindenden Märkten in Arezzo – dreht sich alles um Antiquitäten. Darüber hinaus veröffentlichte zum Beispiel der große Antiquitätenhändler Giovanni Pratesi, Verantwortlicher des Kulturprogramms der Biennale, ein bemerkenswertes Nachschlagewerk zur florentinischen Skulptur des 17. und 18. Jahrhunderts.

Der technische Fortschritt verdrängte zahlreiche traditionelle Handwerksmethoden, doch manche wussten sich den Veränderungen anzupassen. Man kann sogar feststellen, dass Innovation und Kreation besonders in der Modebranche Florenz und der Toskana zu größerer Berühmtheit verholfen haben. Die folgenden Seiten erheben keinen Anspruch auf Vollständigkeit, aber sie werden dazu beitragen, das falsche Bild, das durch eine Souvenirindustrie mit ihren oft mittelmäßigen Artikeln entstand, zurechtzurücken.

Vorhergehende Seite: Der beeindruckende Kerzenhalter aus Alabaster zeugt von der Kunstfertigkeit der Handwerker im Volterra des 19. Jahrhunderts. Das gesamte Dekor des Palazzo Viti zeichnet ein wunderbares Bild vom Lebensstil der Bourgeoisie jener Zeit.

Oben: Das Kartenspiel auf schwarzem Grund ist ein altes Zeugnis der traditionsreichen Technik der *scagliola,* der Imitation von Marmormosaiken, die in dem Unternehmen Bianchi bei Florenz gepflegt wird.

Oben: Eine Frauenbüste aus Terrakotta auf einem Kapitell spiegelt das künstlerische Können der Handwerker in Impruneta, südlich von Florenz, wider.

Rechte Seite: Nach Pietrasanta bei Carrara kommen Bildhauer aus der ganzen Welt, denn dort arbeitet man seit Jahrhunderten mit Marmor und Bronze. In den Ateliers der Gießerei Massimo del Chiaro bildet ein springender Hase von Barry Flanagan einen Kontrast zu den Gipsmodellen antiker Skulpturen.

Ganz oben: Moderne Technik erleichtert die Arbeit der Marmorbearbeitung, doch in Pietrasanta werden auch die alten Traditionen aufrechterhalten.

Im Reich der Bildhauer

Wir beginnen unsere kleine Reise mit dem Kunsthandwerk, in dem seit der Antike mit denselben Materialien gearbeitet wird – mit Marmor und Bronze. In den drei Marmorbrüchen der Apuanischen Alpen, insbesondere in Colonnata, werden noch heute vierzig Marmorarten abgebaut. Die Gegend von Carrara und Pietrasanta ist für ihre Bildhauerwerkstätten und Gießereien berühmt.

In Pietrasanta, nordwestlich von Lucca, ist Michelangelos Präsenz immer noch spürbar. Das große Café auf dem zentralen Platz trägt seinen Namen, und die Zeit scheint seit der Epoche der letzten Großherzöge stehen geblieben zu sein. Aber der Eindruck täuscht: Rings um Pietrasanta reihen sich die Werkstätten aneinander; das Gelände des Unternehmens Raffi zum Beispiel ist riesig, entsprechend den Blöcken, die aus den Marmorbrüchen herangeschafft werden. Im Freien wird das Material mit Hilfe von Wasser und Sand zugeschnitten – ein Vorgang, der früher von Hand Monate dauern konnte, wird mit den heutigen Maschinensägen in einigen Tagen erledigt, und es ist sogar möglich, Marmorscheiben mit einer Stärke von nur vier oder fünf Millimetern zu erhalten. Besonders beeindruckend ist jedoch die Sammlung an Marmorarten, deren Adern inzwischen völlig erschöpft sind. *Foresta perduta* – unter diesem Namen hatte der Bildhauer Ivan Theimer sie gleich einem steinernen Wald auf der Piazza in Pietrasanta aufgestellt. Jetzt stehen die Blöcke wieder bei Raffi und erinnern, enger zusammengerückt, an ein richtiges Labyrinth: Schönheit zum Anfassen.

Auf dem kleinen Platz vor Pietrasanta erblickt man die seltsame Fassade einer der ältesten Bildhauerwerkstätten der Region: das im 19. Jahrhundert gegründete Unternehmen Ferdinando Palla. Über einem schönen schmiedeeisernen Tor befindet sich ein Balkon, den zwei Bronzefiguren mit den Köpfen von Ungeheuern schmücken, während einem von den Nischen des Mauerwerkes die Büsten der großen florentinischen Bildhauer entgegenblicken. Ein großzügiger, mit alten Marmorplatten gepflasterter Eingangsbereich dient als Lager der vielen Gipsmodelle – ein kleines Museum der toskanischen Bildhauerkunst, vom Mittelalter bis zum Beginn des 20. Jahrhunderts. In den Werkstätten restaurieren Kunsthandwerker mit modernen Werkzeugen alte Skulpturen, fertigen Kopien und schaffen neue

Originalkunstwerke. Aber die Erinnerung an die Tradition des Handwerks wird in dem Büro des Unternehmens bewahrt, das sich seit hundert Jahren nicht verändert zu haben scheint: Gipsmodelle, hunderte alter Fotografien auf Glasplatten, Zeichnungen zu verschiedenen Projekten aus dem 19. Jahrhundert sowie Marmorproben in allen Schattierungen. Das Atelier Cervietti, nicht weit von dem Unternehmen Palla entfernt, ist ebenfalls für sein Traditionsbewusstsein bekannt. Ich sah dort, kurz vor der Lieferung nach Brasilien, eine sehr gelungene Reproduktion von Michelangelos *David*, die über dreißig Tonnen schwer war: Mit Hilfe eines Pantographen kann man jedes Modell auf die gewünschte Größe übertragen.

Linke Seite unten und rechts: Der älteste Marmorbetrieb in Pietrasanta: Das Unternehmen Palla besitzt eine schöne Sammlung an Modellen: Die berühmte *Pietà* von Michelangelo war eines der meistkopierten Werke. Respektlos hat man zwischen den erhabenen Steinskulpturen ein Motorrad untergestellt.

Oben: Dank moderner Technik verliert man nicht mehr Monate mit dem Zuschneiden der Marmorblöcke.

Oben: Die Gießereien von Pietrasanta genießen weltweit einen exzellenten Ruf. Ein ungewöhnliches Bild bietet die Begegnung des Padre Pio mit dem jungen Mädchen.

Oben rechts: Botero, dessen liegende Frauengestalt im Hintergrund zu sehen ist, ließ sich in der Gegend nieder.

Rechts: Die Skulpturen werden für den Bronzeabguss mit einer dünnen Wachsschicht überzogen.

Die Gießerei Massimo del Chiaro befindet sich seit etwa zehn Jahren in einem großzügigen Gebäudekomplex, was eine Erweiterung ihrer Aktivitäten ermöglichte. Schon viele bekannte Künstler vertrauten dem Sachverstand des Betriebs, darunter Willem de Kooning, Karel Appel, César, Botero, Enzo Cucchi und Barry Flanagan. Ivan Theimer, ebenfalls treuer Kunde des Hauses, bemühte sich, mir die einzelnen Arbeitsschritte des Gusses mit verlorener Form zu erklären – ein aufwändiges Unterfangen, das ich trotz seiner Bemühungen erst verstand, als ich bei dem komplexen Prozess zusehen durfte. Selbst bei größter Akribie kommt es immer wieder zu Unvollkommenheiten, sei es, dass sich ein kleines Gasbläschen gebildet hat, die Temperatur des Metalles etwas zu niedrig war oder dass das Lehmmodell nicht vollständig ausgetrocknet war. Die Werkstätte mit den vielen Gipsmodellen bietet ein pittoreskes Bild: Neben einem springenden Hasen von Barry Flanagan erhebt sich ein majestätischer Zeus, und die höchst beleibten Skulpturen von Botero stehen neben den Abbildern von Padre Pio, die wohl sehr begehrt sein müssen, wenn man die Anzahl der gerade hergestellten oder bereits auf ihre Auslieferung wartenden Statuen betrachtet.

Links: Die kleine Stadt Impruneta ist seit Jahrhunderten die Hochburg der Terrakottaproduktion. Gefäße aus diesem Material findet man in allen toskanischen Gärten. Krüge und Töpfe in allen Größen sowie Schmuckstatuen und Flachreliefs stellt beispielsweise das Atelier Ugo Poggi her.

Unten: Die abgebildeten Reliefs ahmen die florentinischen Marienbilder der Renaissance nach.

Die Töpferwaren aus Impruneta

Im Süden vor Florenz machen wir Halt in Impruneta, einer kleinen Stadt, die man über eine Straße mit hübschen Ausblicken erreicht. Hier liegt das Reich der Terrakotta. Nach den zahlreichen archäologischen Funden zu urteilen, gehört die Arbeit mit diesem Material zu einer der ehrwürdigsten in der Toskana. In allen Gärten der Region ist der Name Impruneta auf den großen Kübeln für Blumen oder Zitruspflanzen zu lesen. Zu den vielen Ateliers der Stadt gehört auch das Unternehmen Ugo Poggi, das seit 1919 einen der ältesten Brennöfen der Gegend besitzt – er geht auf das Ende des 16. Jahrhunderts zurück. Nach seiner Instandsetzung ist er immer noch in Gebrauch. Hier wird ausschließlich manuell gefertigt, das gilt insbesondere für das feine Herausarbeiten der Verzierungen der Gefäße und Krüge. Der Ton, den man in dieser Gegend findet, wird als *terra turchina*, türkisblaue Erde, bezeichnet. Gebrannt ist er außergewöhnlich resistent gegen Temperaturschwankungen und Frost und kann sogar Jahrhunderte überdauern. Besonderes Augenmerk gilt auch der Oberflächenbehandlung: Die Waren werden mit natürlichem Wachs eingerieben und poliert, weshalb sie sich unglaublich glatt und samtig anfühlen.

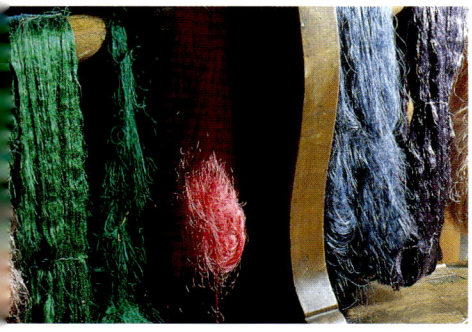

Ganz oben: Die Seidenstränge werden nach einem langen Fertigungsprozess zu herrlichen Stoffen verarbeitet, wie man sie in der Manufaktur Antico Setificio Fiorentino findet.

Oben: Nur im Setificio arbeitet man noch mit Webstühlen aus dem 18. Jahrhundert.

Rechts: Farbenfrohe Seidenpracht.

Kostbare Seide

Wahrscheinlich waren es die aus Asien zurückkehrenden Missionare, die im 12. Jahrhundert die Seide nach Italien brachten, und nicht, wie es eine Legende besagt, eine orientalische Prinzessin. Florenz stieg bald zu einem wichtigen Zentrum des kostbaren Stoffes in Europa auf; der Seidenhandel war eine der Hauptquellen für den Reichtum der bedeutenden florentinischen Familien: Jede verfügte über eigene Kunsthandwerker und eigene charakteristische Motive, eine Art Symbol für die Stellung, die sie erreicht hatte. Im 17. Jahrhundert entschieden sich mehrere Häuser, darunter die Corsini, die Pucci sowie die Della Gherardesca, ihre Produktionsmittel in einer gemeinsamen Manufaktur zusammenzulegen. Um ihre wirtschaftliche Geltung zu festigen, schenkte Großherzog Peter Leopold von Lothringen der Manufaktur im 18. Jahrhundert die Webstühle, die bis heute benutzt werden. Florenz genießt also das Privileg, die einzige Seidenmanufaktur zu besitzen, die noch mit vorindustriellen Webstühlen arbeitet. 1786 siedelte sich die Weberei in den heutigen Gebäuden an, 1914 wurde sie in eine Gesellschaft umgewandelt, und schließlich rettete Emilio Pucci, ein Nachfahre einer der Gründerfamilien, den Setificio vor dem Ruin. Nachdem die verheerenden Schäden der Überschwemmungen von 1966 behoben waren, nahmen die Werkstätten ihre Arbeit wieder auf: Von Grund auf renoviert, ausgestattet mit einer Schärmaschine, die im 18. Jahrhundert nach Entwürfen von Leonardo da Vinci angefertigt wurde, und noch älteren Webschützen, die wieder auf das beste funktionieren. Das Archiv, das 1966 wie durch ein Wunder verschont blieb, enthält eine große Anzahl an alten Motiven, manche über vierhundert Jahre alt, und eine Sammlung zeitgenössischer Dessins. Damast der Renaissance, Lampas sowie Brokatelle werden mit den ausgeklügelten mechanischen Webstühlen gefertigt, außerdem noch andere, typisch florentinische Stoffe wie *satin turc* oder Bourrette oder auch *ermisino*, ein changierender Seidentaft mit Glanzeffekt, der auf vielen manieristischen Porträts zu sehen ist und heute noch für die Fahnen des Palio verwendet wird. In der Boutique des Antico Setificio Fiorentino, die jedermann geöffnet ist, schwebt der Duft der Potpourri-Mischungen, die in kleine Seidenbeutelchen eingenäht sind. Vielleicht ist es eine Torheit, eine derartige Manufaktur weiterzuführen, doch jeder, der ihr einen Besuch abgestattet hat, wird für den Fortbestand der reizvollen Institution plädieren.

Essenzen und Parfüm

Die Anziehungskraft des Orients beruhte nicht nur auf der Seide, sondern auch auf Gewürzen und Arzneimitteln. Aber die Kunst der Bereitung von Elixieren und Parfüms hatte in der Toskana selbst ebenfalls Tradition. Diese wurde oftmals in Klöstern und Ordensgemeinschaften bewahrt, insbesondere in den Apotheken der mittelalterlichen Spitäler. Die Apotheke von Santa Maria Novella ist in Florenz die bekannteste Institution, die über Jahrhunderte hinweg das Wissen um die Kunst, aus Pflanzen die vielfältigsten Heilmittel herzustellen, hütete. Das wunderschöne Dekor und die alten Gefäße machen den Besuch zu einem Erlebnis. In der nahe gelegenen Via Condotta, einen Katzensprung von der Piazza della Signoria entfernt, stößt man auf die wundervolle Auslage von Bizzarri. Unter dem altmodischen Schriftzug stehen Glasgefäße, gefüllt mit Kristal-

len oder Körnern, und bunte gläserne Röhrchen, wie wohl schon 1842 bei der Gründung dieses Geschäftes. Im Inneren wird der Besucher von den verschiedenartigsten Parfüms und Düften der vielen Flakons und Flaschen eingehüllt. Die hölzerne Theke sowie die raumhohen Vitrinenschränke stammen noch aus der ersten Niederlassung an der Piazza della Signoria. Die Mitglieder der Familie Bizzarri, ganz und gar nicht altmodisch, empfangen ihre Kunden mit so viel Freundlichkeit und Zuvorkommenheit, dass man ihnen ohne Scheu tausend Fragen stellt. Parfümeure, Fotografen, Künstler, Restauratoren und Instrumentenmacher decken hier ihren Bedarf, ganz abgesehen von all denen, die nur vorbeikommen, um Karotten- oder Minzseife zu kaufen, die auf der Theke in die gewünschten Stücke geschnitten wird. Auf den Etiketten stehen manchmal wunderliche Namen, und man erfährt in dem Geschäft vielleicht so manches Geheimnis: das der Zubereitung eines typisch florentinischen Likörs, des Alkermes beispielsweise, dem der Farbstoff der Koschenille seine karminrote Tönung verleiht, während Nelke, Zimt und Kardamom den Geschmack prägen.

Ebenfalls in Florenz lebt einer der einfallsreichsten Parfümeure unserer Zeit. Der Aufstieg von Lorenzo Villoresi kann nicht als gewöhnlich bezeichnet werden. Auf einer Studienreise in den Nahen Osten kaufte er hie und da, vor allem in Ägypten, Gewürze und Essenzen; anfangs, 1981, zum Würzen seiner Gerichte, dann, auf Anfrage einiger Freunde, stellte er zum Spaß, wie er sagt, *piccole combinazioni* her – kleine parfümierte Mischungen. Schon früher hatte er begeistert mit dem Destillieren experimentiert, und so tüftelte er weiter an seinen Mischungen. Fendi, gerade auf der Suche nach einer kompletten Duftkollektion, kam seine Tätigkeit zu Ohren. Lorenzo Villoresi hängte also sein Studium der Philosophie und der Religionen des Altertums an den Nagel und nahm den Auftrag von Fendi an. Seine Wohnung in der Via dei Bardi, oberhalb des Ponte Vecchio, wird immer mehr zum Labor. Hier empfängt er auch seine Kunden, für die er individuelle Parfüms kreiert. Einst ein Geheimtipp, geben sich heute anspruchsvolle Parfümliebhaber die Klinke in die Hand – von dem Modezar Roberto Capucci bis zu Sting, der Madonna einen der eleganten Kristallflakons in blauem Lederetui zum Geschenk machen wollte.

Linke Seite: Das Geschäft von Alessandro Bizzarri in Florenz bietet tausenderlei Produkte für Parfümeure, Fotografen und Instrumentenbauer – und natürlich auch wohlriechende Waren für den Hausgebrauch.

Links: Mit Blick auf den Ponte Vecchio können die Berühmtheiten bei Lorenzo Villoresi ihr Parfüm auswählen oder auch individuell kreieren lassen.

Oben: Seit Lorenzo Villoresi seine Wohnung in ein Labor umfunktioniert hat, in dem er seine Parfüms kreiert, erfüllt der Duft von kostbaren Hölzern, Moschus und Muskat die Räume.

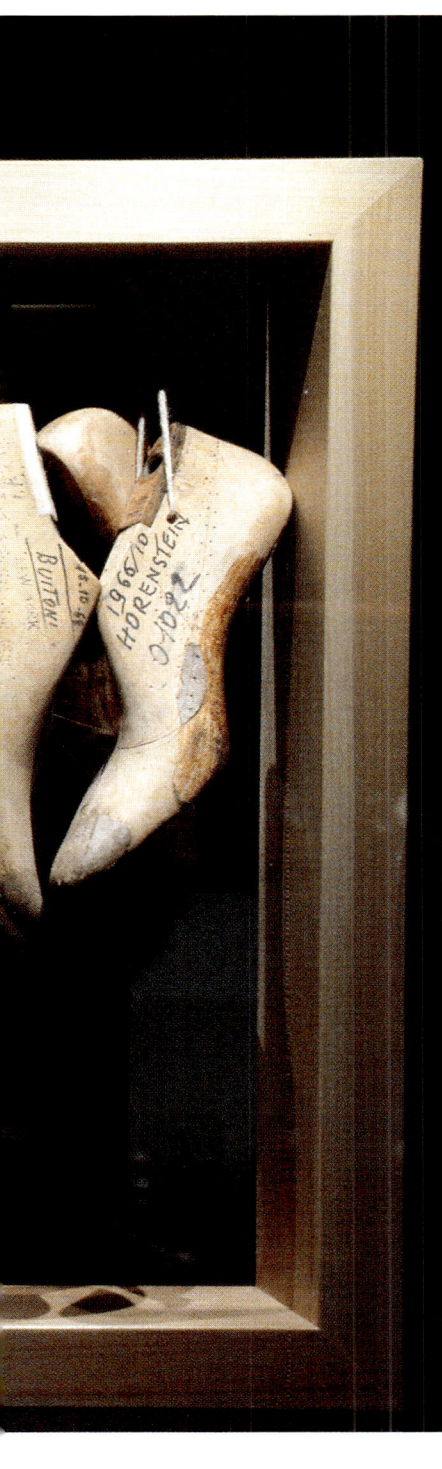

Salvatore Ferragamo oder das Genie des Lederhandwerks

Am Anfang der Via Tornabuoni, zur anderen Seite des Arno, steht der festungsähnliche Palazzo Feroni-Spini aus dem 13. Jahrhundert. Für die Florentiner heißt er nur noch Palazzo Ferragamo, so sehr verbindet man ihn heute mit dem Namen des großen Modeschöpfers. Das Leben des Salvatore Ferragamo hat etwas von einem Märchen. Er wurde Anfang des 20. Jahrhunderts in einem Dorf bei Neapel geboren. Später rettete er die Ehre der Familie, indem er für die Erstkommunion seiner Schwester in letzter Minute aus ein bisschen Leinen und Karton Schuhe fertigte. Seine Eltern gaben daraufhin ihr Zögern auf und ließen ihn in die Lehre gehen. Gerade einmal vierzehn Jahre alt, schiffte sich Salvatore nach Amerika ein, und in der Fabrik, in der er zu arbeiten begann, wurde das Talent des jungen Italieners sofort bemerkt. Und so wurde er, zu den goldenen Zeiten Hollywoods, bald schon zum Liebling der Stars, die ihre Schuhe bei ihm fertigen ließen. Aber in den Vereinigten Staaten fehlte es an fähigen Kunsthandwerkern, die seinen Ansprüchen genügen konnten, sodass er nach Italien zurückkehrte. Er ließ sich in Florenz nieder – von jeher eine Stadt, in der das Lederhandwerk Tradition hat. Schon nach kurzer Zeit beschäftigte Salvatore nahezu sechshundert Kunsthandwerker, um die Aufträge, die weiterhin aus Amerika kamen, ausführen zu können. In seinen Entwürfen berücksichtigte er wie kein anderer vor ihm die Bequemlichkeit, darüber hinaus weitete er die Palette der verwendeten Materialien ins Unendliche aus.

Seit seinem Tod im Jahre 1960 hat sich das Unternehmen noch vergrößert und auf alle Bereiche der Mode ausgedehnt. Dem Gründer ist ein sehenswertes Museum mit freiem Eintritt über der prachtvollen Boutique des Palazzo Feroni-Spini gewidmet. Dort kann man in einem modernen Ambiente das Schuhwerk der Berühmtheiten Hollywoods von der Stummfilmzeit bis heute bewundern. Manchmal sind auch nur die Leisten erhalten, auf denen zwischen den Namen großer Schauspielerinnen auch »Soraya« oder »Herzogin von Windsor« zu lesen ist. Fotografien und Filmausschnitte zeigen Greta Garbo, Marlene Dietrich, Ingrid Bergman, Ava Gardner und Audrey Hepburn auf dem Höhepunkt ihres Ruhmes. Alle zwei Jahre wird die Kollektion und somit auch die Sammlung erneuert. Es gibt wohl nur wenige ebenso interessante und bewegende Zeugnisse für den Erfolg einer Verbindung von jahrhundertealter Handwerkstradition und kreativem Genie.

Links: Diese Schusterleisten im Museum Ferragamo gehören zu den Füßen großer Stars – von Rita Hayworth bis Sophia Loren.

Oben: Greta Garbo und auch Madonna vertrauten das Wohl ihrer Füße Ferragamo an.

Oben links und rechts: Die Technik der *scagliola* ermöglicht das Imitieren von Marmor oder Halbedelsteinen. Hier meißelt ein Handwerker der Werkstätte von Alessandro Bianchi die Motive in den Stein. Seine Kunstfertigkeit ermöglicht die Gestaltung anspruchsvoller Ornamente. Später werden die Vertiefungen mit einer eingefärbten Masse gefüllt; einmal poliert, werden die Ornamente kostbare Materialien täuschend echt nachahmen.

Scagliola oder die Kunst des Mosaiks

Die aus Norditalien stammende Kunst der *scagliola,* des Stuckmarmors, gibt es seit dem 17. Jahrhundert in Florenz. Es handelt sich um eine preiswerte Version der *pietra dura,* einer der Inkrustation verwandten Mosaikkunst mit »harten Steinen«, die die Medici in Florenz entwickelt haben. Letztere wird noch im Opificio delle Pietre Dure ausgeübt, das 1588 gegründet wurde und heute das traditionelle Fachwissen bei der Restaurierung alter Werke einsetzt. Der Palazzo Pitti beherbergt zahlreiche Beispiele für die Perfektion, mit der die florentinischen Kunsthandwerker ihr Metier ausübten. Ein herrliches Zeugnis ist auch die Fürstenkapelle der Kirche San Lorenzo.

Durch *scagliola* erreicht man ein ähnlich prachtvolles Ergebnis, doch mit preiswerteren Materialien als den kostbaren Steinen Lapislazuli, Achat oder Onyx. In einem ersten Arbeitsschritt werden nach präzisen Vorlagen Motive in eine Steinplatte gemeißelt. Für den nächsten Schritt benutzt der Handwerker als Grundmaterial Selenit in Form von Spänen, die durch Erhitzen pulverisiert werden. Diesen Stoff vermischt man daraufhin mit Farbpigmenten und Tierleim. Die gefärbte Masse wird nun in die Vertiefungen der Platte gefüllt und nach dem Erhärten sorgfältig geschliffen. Für jeden Farbton wird diese Prozedur wiederholt. Das abschließende Polieren und die Behandlung mit Bienenwachs verleihen der *scagliola* ihren Glanz. Sowohl leuchtende Farbornamente als auch strenge Schwarz-Weiß-Kontraste sind mit dieser Technik möglich, die nicht durch industrielle Fertigungsprozesse ersetzt werden kann. In Florenz gibt es noch Kunsthandwerker, die dieser prestigeträchtigen Tradition die Treue halten, die nicht wenig zum Ruhm der Stadt beigetragen hat. Alessandro Bianchi führt das Schaffen seines Vaters fort, dessen Atelier im historischen Zentrum bei den Überschwemmungen im Jahr 1966 zerstört wurde. Trotz des unersetzlichen Verlustes von alten Werken und Einzelstücken nahm die Familie in Pontassieve, einige Kilometer östlich von Florenz, die Arbeit wieder auf. Ihre Verbundenheit mit der toskanischen Hauptstadt wird aber in einer Galerie in dem Viale Europa deutlich – sie ähnelt fast einem kleinen Museum. Wie bei anderen jahrhundertealten Handwerkskünsten ist auch hier die Allianz zwischen Kreation und Restauration sehr eng: Die Vergangenheit nährt die Gegenwart.

Rechte Seite: Die *scagliola* findet man sowohl in leuchtenden Farben als auch in strengem Schwarz-Weiß. Die florentinischen Kunsthandwerker imitieren nicht nur alte Motive, sondern entwerfen auch selbst. Aber ein wichtiger Teil ihrer Arbeit gilt der Restauration alter Werke, wie dieser Tischplatte eines amerikanischen Sammlers.

Zur Fertigung von marmoriertem Papier müssen die Blätter einzeln kurz auf die Platte mit bunter Tinte aufgelegt werden. Dann werden die Blätter – jedes ein Unikat – zum Trocknen aufgehängt.

Marmorierung von Papier

Gleichfalls aus der Liebe zur Illusion ist Florenz für die Schönheit seines marmorierten Papiers berühmt, das sowohl die Innenseiten kostbarer Ledereinbände als auch Dosen, Kästchen oder Hefte verschönert. Das namhafte Unternehmen Il Papiro unterhält mehrere Geschäfte, darunter eines ganz in der Nähe des Doms, und hat seine Produktionsstätten in den südlichen Vororten. Wenn auch die Umgebung alles andere als malerisch ist, so bieten doch die verschiedenen Arbeitsschritte einen farbenfrohen Anblick. Zuerst wird auf einer mit Wachs bestrichenen Fläche willkürlich farbige Tinte aufgespritzt. Dann werden die Tintenfarben mit Hilfe eines kleinen Rechens vermischt und spontane Muster geschaffen. Schließlich wird das Papier aufgelegt, das die Farbe schnell aufnimmt und sogleich wieder entfernt wird. Während die Blätter zum Trocknen hängen, kann man schon die einzigartigen und fantasievollen Ornamente bewundern.

TREFFPUNKTE IN DER TOSKANA

Die Toskana in all ihren Facetten: weltbekannte Sehenswürdigkeiten, geheime Meisterwerke, Hotels mit Aussicht,
landestypische Restaurants, Feriendomizile in alten
Bauernhäusern – eine Einladung zum Eintauchen in die
Lebenskunst der Toskana.

Seit mehr als zwei Jahrhunderten rühmt man die Toskana ihrer Lebensart wegen; einst war sie das Ziel einer kleinen, gebildeten Elite, heute kommen Besucher aus aller Herren Länder hierher. Die Toskana hat für jeden Geschmack die passende Unterkunft zu bieten, prachtvolle Schlösser ebenso wie nicht alltägliche Ferienhäuser – ob prunkvolles oder extrem schlichtes Ambiente, immer schwingt ein Hauch von Raffinesse und Eleganz mit. Ein Wesenszug dieser Region besteht gewiss darin, dass man es dort quer durch die Gesellschaft versteht, Lebenskunst mit dem Alltäglichen zu verbinden. Da die Toskaner ihre Heimat von den Touristenströmen bedroht sehen, behalten sie ihre Lieblingsplätze für sich und teilen sie mit einem Fremden nur, wenn sie bei ihm echte Sympathie spüren.

Oben: Ein Genuss sind die toskanischen Spezialitäten mit *funghi porcini* – Steinpilzen.

Rechte Seite: Der Mercato Centrale ist der größte Markt in Florenz – ein lebhafter Mittelpunkt der toskanischen Gastronomie.

Vorhergehende Doppelseite:
Die atemberaubende Landschaft der Crete Senesi von Cosona aus gesehen.

Oben: Wie hier in Lucca sieht man mancherorts noch die typischen strohumwickelten Weinflaschen, ein Anblick, der im Zuge von Neuerungen langsam seltener wird.

DIE GASTRONOMIE

Die toskanische Küche gehört sicher zu den bekanntesten ganz Italiens. Gründe dafür gibt es mehrere: Sie ist sehr traditionsreich, unglaublich vielfältig, da die unterschiedlichen Landstriche auch sehr verschiedene Produkte hervorbringen, und außerdem sorgten toskanische Küchenchefs in Italien und dem Ausland dafür, dass der Bekanntheitsgrad stieg. Wenn man die Geschichte zurückverfolgt, wird man feststellen, dass auch durch die Heiratspolitik der Medici die toskanische Küche gemeinsam mit den Bräuten in anderen Ländern Einzug hielt.

Das erstklassige Olivenöl spielt, mit wenigen Ausnahmen wie der Region Colle di Val d'Elsa, in der man früher mit tierischen Fetten kochte, von jeher eine entscheidende Rolle. Schon Appetithäppchen wie die *crostini* – kleine Toasts mit Geflügelleber – oder die *bruschetta* – Brot mit Knoblauch oder Kräutern – werden mit einigen Tropfen verfeinert. Mit etwas Öl rundet man gleichfalls die

Porcini

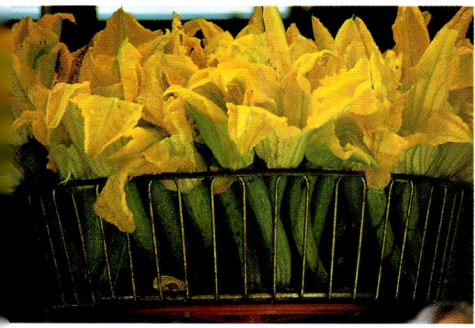

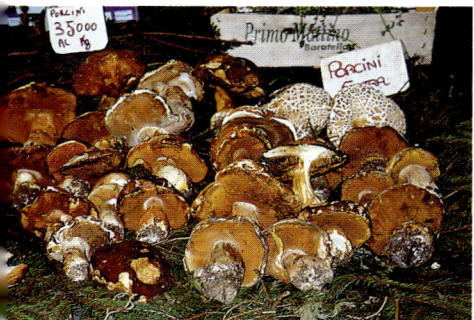

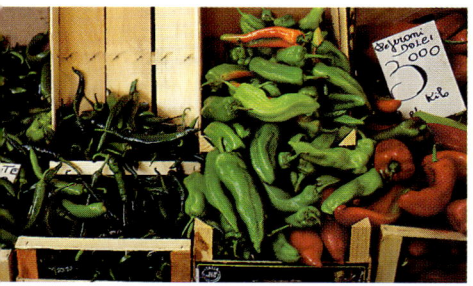

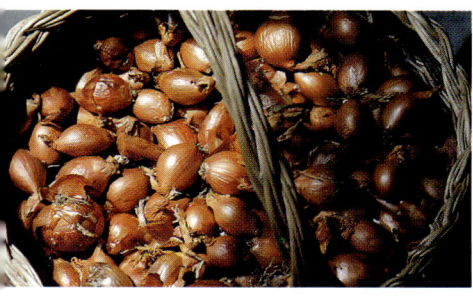

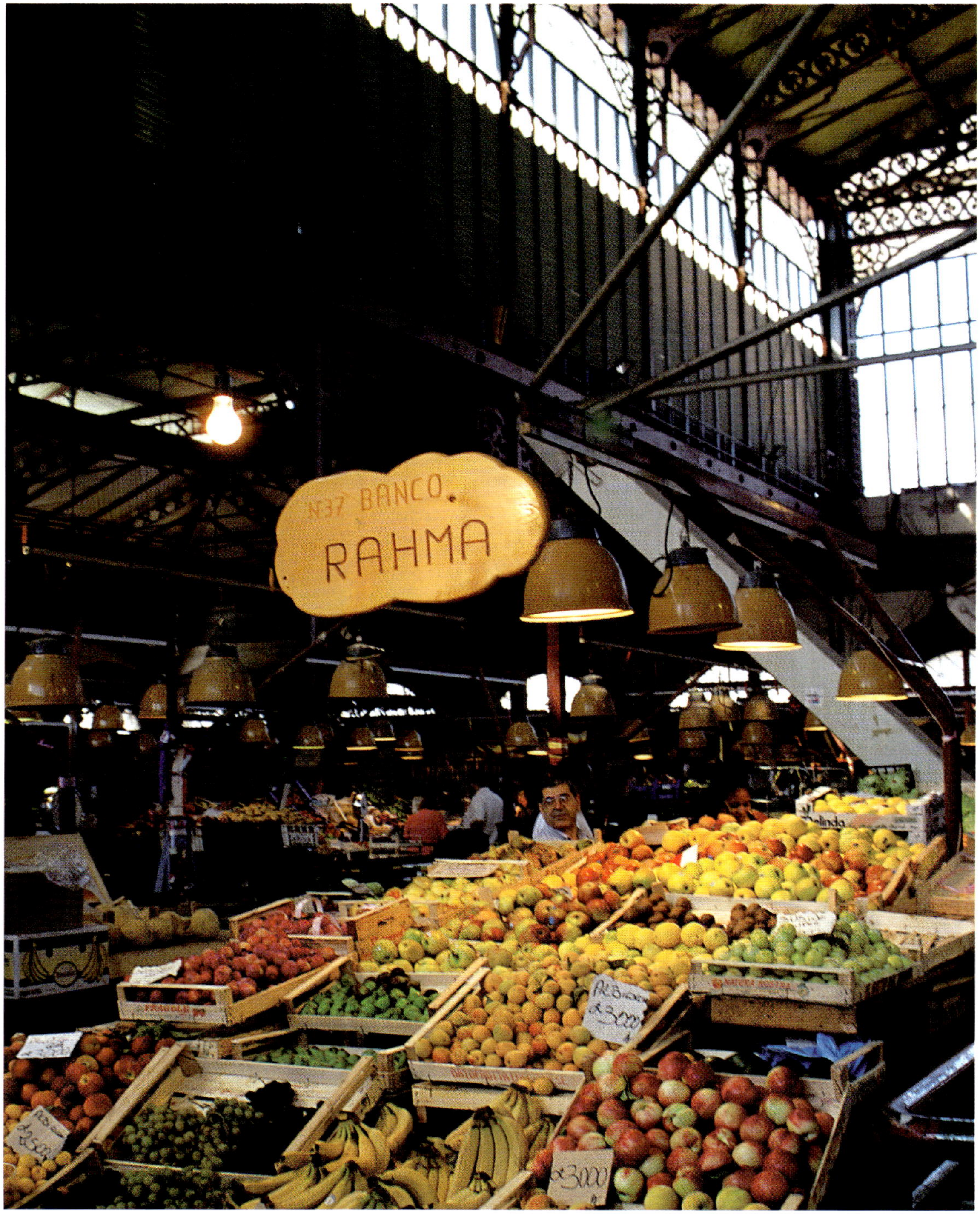
N37 BANCO.
RAHMA

tausend köstlichen Suppen ab, die oft als Entrée serviert werden:
Im Winter ist die *ribollita* mit viel gekochtem Gemüse und ergänzt
mit Bohnen, Pasta und Brot besonders beliebt. In der Gegend von
Siena sowie der Maremma gibt es sie unter dem Namen *acquacotta* in vielen Varianten – in Siena mit Steinpilzen, anderenorts
mit Tomaten, Zwiebeln, Brot und Ei, wie ich in Grosseto und
Livorno feststellen durfte. Die Küstenregionen zeichnen sich
selbstverständlich durch ihre Fischsuppen aus: Da wäre beispielsweise der *cacciuco,* ursprünglich aus Livorno, mit geröstetem
Knoblauchbrot, den ich in einem exquisiten Fischlokal in Cecina
probierte; oder auch die Variante des Monte Argentario, der
caldaro mit den frischen Meeresfrüchten, so typisch für diesen felsigen Küstenabschnitt. Im Landesinneren, insbesondere in
Montepulciano, wird das ebenso köstliche *tegamaccio* zubereitet,
jedoch mit Süßwasserfisch.

Weiße Bohnen, *fagioli,* sind Grundbestandteil einer ganzen
Reihe von Vorspeisen, den *minestre.* In Livorno isst man *borda-
tino,* eine flüssige Maispolenta, gemischt mit Bohnenpüree. Eine
toskanische Spezialität sind die *fagioli al fiasco,* in einer Flasche
langsam über dem Feuer gekochte Bohnen, die vor dem Servieren
mit Olivenöl abgeschmeckt werden. In Lucca gibt es im Frühling
die leckere *garmugia* mit jungen Saubohnen, Erbsen, Artischocken
und Hackfleisch.

Unter den vielen Pasta-Sorten schätzt man in der Toskana besonders die *pappardelle,* eine Art breiter Bandnudeln, die man
in den Jagdregionen mit Bratensaft von Hase, Wildschwein oder
Ente verfeinert. Manche Pasta wird nur in bestimmten Gegenden
gegessen, so die *pici* oder *pinci* in der Umgebung von Montalcino
oder in Lucca die *tordelli,* reich gefüllte große Ravioli – man
servierte sie mir bei Vipore in den Hügeln über der Stadt – sowie
die *tacconi,* quadratische Nudeln, oft in Steinpilzgerichten.

Das fürstlichste Fleischgericht ist unbestritten die *bistecca,* ein sehr
zartes, gegrilltes Rindersteak, mit Sicherheit einer der Höhepunkte
der florentinischen Küche, doch so üppig, dass man die Portion
meist alleine unmöglich bewältigen kann. Eine weitere Köstlichkeit

Linke Seite: Die farbenfrohen Stände
des Mercato Centrale in Florenz –
auch hier haben einige exotische
Produkte zwischen den regionalen
Erzeugnissen Einzug gehalten. Wenn
es um die Qualität der Zutaten geht,
versteht man in der Toskana allerdings
keiner Spaß!

Oben: Pasta in allen Formen und
Farben in einem kleinen Laden in
Lucca: Sie ist wie überall in Italien ein
Grundnahrungsmittel.

Rechts: Der Metzger Dario in einem kleinen Dorf des Chianti holt über Telefon Ratschläge zur richtigen Diktion ein.

Unten: Die beiden Engel umrahmen die »Bühne«. Hier deklamiert der ungewöhnliche Metzger Dantes Verse.

Ganz unten: Darios Metzgerei ist mit einem Raum verbunden, der für Konzerte oder Ausstellungen genutzt wird.

stellt die *tagliata* dar, mit Rosmarin und Olivenöl verfeinertes Rind oder Kalb. Die Rinderrasse der Val di Chiana, die *chianina*, liefert mit das beste Rind- und Kalbfleisch Europas. Seine Bedeutung für die regionale Gastronomie wird deutlich, wenn man zum Beispiel beobachtet, mit welcher Hingabe sich Dario, der Metzger eines kleinen Dorfes im Chianti, dem Zerlegen und Vorbereiten des Fleisches widmet. Ein Besuch der Metzgerei dieses toskanischen Urgesteins ist ein Erlebnis – der Verkauf von Fleisch wird zu einem Zeremoniell erhoben, Dario deklamiert mit Inbrunst ganze Passagen aus Dantes Werken, und wer den Laden betritt, wird mit freundlichen Worten und Kostproben empfangen.

Nicht zu vergessen ist die Wildsaison im Herbst und Winter, die die regionale Speisekarte insbesondere um Wildschweingerichte bereichert. Schweine sind aus den toskanischen Dörfern nicht wegzudenken und weisen auf die Vorliebe für Wurstwaren hin, die in anderen Regionen Italiens gleichfalls einen hohen Stellenwert haben. Auf dem Land ist es heute wie eh und je üblich, im Winter einen *norcino*, einen Schweinemetzger, kommen zu lassen und das Schlachten sowie die Zerteilung und Verarbeitung des Fleisches zu Wurst und Schinken werden von typisch ländlichen Festivitäten begleitet. Eine meiner bevorzugten Spezialitäten ist der weiße Speck von Colonnata, der früher ein Grundnahrungsmittel der Marmorarbeiter war. Innereien nehmen in der toskanischen Küche einen geringeren Stellenwert ein als im benachbarten Latium, doch auch in Florenz schätzt man Kutteln, beispielsweise als Belag von Sandwiches – einst eine gängige Zwischenmahlzeit, genannt *lampredotto*. Dieses traditionelle Gericht wird noch von einigen Liebhabern wie Fabio Pichi, Koch des Cibreo in Florenz, zubereitet.

Ein beliebter toskanischer Käse, der *pecorino toscano*, der aus Schafsmilch hergestellte weiße, feste Käse, unterscheidet sich nur wenig von dem *pecorino romano*. Je nach Region oder Stadt – Pienza ist ein gutes Beispiel – gibt es geringfügige Abweichungen, die durch verschieden lange Reifezeit sowie durch die beigefügten Gewürze entstehen.

Toskanische Kuchen und Konditoreiwaren sind meist gehaltvoll und schwer. Da wäre der berühmte sienesische *panforte*, eine Köst-

Ganz oben: Dario und ein Stück seiner köstlichen *porchetta* – Spanferkel.

Oben: Der Kunde wird in der Metzgerei des großzügigen Dario auch gerne einmal als Gast bewirtet – mit einem Glas Wein, Wurstspezialitäten oder feinen Appetithäppchen.

Rechts: Selbst das Würzen der Wurstfüllung ist die Geste eines Künstlers.

Der *panpepato* aus Siena mit der edlen versiegelten Verpackung von Nannini gehört zu den köstlichsten Varianten des berühmten *panforte*: ein unvergleichlicher Kuchen mit Gewürzen und Honig.

lichkeit aus Walnüssen, Haselnüssen, Gewürzen, Honig und kandierten Früchten, oder der verwandte *panpepato*, der vor allem bei dem Konditor Nannini angeboten wird. Ein Gedicht ist der *castagnaccio;* dieser nur fingerdicke Kuchen besteht aus Kastanienmehl, Walnüssen, Rosinen, Rosmarin, Pinienkernen und Olivenöl. Zum Nachtisch werden überall gerne *cantucci* – traumhaftes Mandelgebäck – gereicht, wozu man einen süßen Dessertwein mit Namen Vin Santo genießt.

Exzellente Restaurants und Feinkostgeschäfte muss man in der Toskana nirgends lange suchen. Man sollte aber nicht den Fehler begehen, sie nach der Eleganz des Dekors zu beurteilen, denn die einfachen Zubereitungen einer guten ländlichen Trattoria bieten oft die gleichen Gaumenfreuden wie äußerst raffinierte Speisen in einem feinen Restaurant. Aber die großen Küchenchefs nehmen häufig gerne ein traditionelles Gericht als Ausgangspunkt für fantasievolle Kreationen und dürfen wahrlich als die überzeugendsten Botschafter der toskanischen Gastronomie bezeichnet werden.

Alessandro Pinchiorri führt das Zepter in der Küche der berühmten Enoteca Pinchiorri in Florenz, die oft als das beste Restaurant der Toskana gerühmt wird. Aber an Konkurrenz fehlt es nicht: ob Fulvio Pierangelini vom Gambero Rosso, einem hervorragenden Fischrestaurant südlich von Livorno gelegen, oder die Brüder Trovato, die das Arnolfo in Colle Val d'Elsa betreiben, bis hin zu dem Reich von Fabio Pichi und seiner Frau Benedetta, dem berühmten Cibreo in Florenz. Letztgenannte Institution mit der freundlichen Atmosphäre, nur zwei Schritte vom Mercato di Sant' Ambrogio entfernt, umfasst ein gehobenes Restaurant, eine schlichtere Trattoria, ein Café mit schönen Holzvertäfelungen sowie ein Feinkostgeschäft. Besonders in den Suppen, die als fulminantes Entrée gereicht werden, entfaltet sich Fabios ganzes Können – ich denke da an die köstliche Cremesuppe mit der Tinte vom Tintenfisch, seidenglatt wie antiker Marmor – und stets mit einem Schuss Olivenöl, der, gleich einem orientalischen Kalligramm, die Gaumenfreude auch zum Augenschmaus der besonderen Art werden lässt. Doch die Hauptgerichte und Süßspeisen können sich durchaus mit dieser außergewöhnlichen Spezialität messen. Vor allem ist auch das unglaublich zarte Lammhirn in Papillote gegart hervorzuheben, das jeden Genießer begeistern wird.

Man sollte in dieser Region nicht nur den Spuren der Kunst folgen, sondern die Gelegenheit nutzen und sich auch auf eine gastronomische Reise durch die Toskana begeben; ob in Colle Val d'Elsa oder an der Küste, deren Spezialitäten man sehr gut im Antico Moro in Livorno oder im Scacciapensieri in Cecina genießen kann, um zwei preiswertere Lokale als das Gambero Rosso zu nennen. Eine Gegend, die mir in kulinarischer Hinsicht schon sehr bald ans Herz gewachsen ist, ist die Provinz Lucca: Ivan Theimer führte mich vor Jahren in das Lokal Vipore, dem ich seither die Treue halte. Es ist aus einer sehr alten Herberge hervorgegangen und liegt, mit einem fantastischen Blick über die Ebene von Lucca, inmitten eines Kastanienwaldes, den bereits Montaigne seinerzeit erwähnte. Nach dem Namen und dem Schild des Lokals zu urteilen, muss es hier einst vor Schlangen nur so gewimmelt haben. Der Küchenchef gewährt uns bei unseren Besuchen großzügig Einblick in sein Reich, in dem der Duft frischer Kräuter aus dem benachbarten Garten in der Luft liegt. Schon seit ich damals zum ersten Mal hier speiste liebe ich seine *tagliata* mit Kräutern ebenso wie die unzähligen Zubereitungen der Steinpilze, die im Herbst im Unterholz des Waldes gesammelt werden.

Ganz oben: Ein Abstecher in das benachbarte Café gehört zu einem Besuch des Mercato Centrale.

Oben: Marinierter Tunfisch mit Bohnen – ein einfallsreiches Gericht einer dörflichen Trattoria.

Ganz oben Mitte und rechts: Paprikasuppe mit einem Schuss Olivenöl, Tomatenaspik und dicke Bohnen mit *pecorino* – eine kleine Kostprobe des begnadeten Fabio Pichi, Gründer des Cibreo in Florenz, der seine Gäste an der Tür des Restaurants begrüßt.

Links: An einem lauen Sommerabend genießt man sein Abendessen gerne im Freien – wie hier in Arezzo.

DIE TOSKANISCHEN WEINE

Weinberge sind ebenso wenig wie Olivenhaine aus der toskanischen Landschaft wegzudenken. Die Etrusker stellten sich das Jenseits als eine Art ewiges Bankett vor, zu dem Männer wie Frauen geladen waren. Wenn wir auch wenig über den antiken Weinanbau wissen, so kennen wir zumindest die wichtigste toskanische Rebsorte, die den mythologischen Namen Sangiovese – Jupiter-Blut – trägt. Dante verewigte in seinem *Purgatorio* den Wein von

San Gimignano – den Vernaccia. Seit dem 17. Jahrhundert reichte der Ruf der Weine aus den beiden Anbaugebieten Chianti und Montepulciano weit über die Grenzen des Großfürstentums hinaus. Infolge der Säkularisation kirchlicher Ländereien entstanden im 19. Jahrhundert riesige Weingüter, die Eigentum bedeutender toskanischer Familien waren und von Pächtern bestellt wurden. Zu jener Zeit legte der Baron Bettino Ricasoli das Rebenverhältnis des Chianti Classico fest, in der die Sangiovese-Traube zu einem dominierenden Bestandteil wurde. Über ein Jahrhundert, bis kurz nach dem Zweiten Weltkrieg, hatte diese Rezeptur Gültigkeit: Landflucht, die Ablehnung der Pachtarbeit durch eine »rote« Bauernschaft, Absatzschwierigkeiten beim Verkauf eines Weines, der zum Synonym der Mittelmäßigkeit geworden war, führten zu einer grundlegenden Neuordnung. Manch bedeutende Namen, wie Antinori, Frescobaldi oder Ricasoli, konnten zwar unter großen Mühen ihre Position halten, aber eine neue Generation von Weinproduzenten übernahm das Regiment. Man brach mit der alten Rezeptur von Bettino Ricasoli, die das Verschneiden in den unterschiedlichsten Mengenverhältnissen zuließ, und konzentrierte sich

vor allem auf eine Verfeinerung von Sangiovese und eine Verbesserung des Reifeprozesses in Eichenfässern. Das Beispiel des Vino Nobile di Montepulciano, der von jeher nur aus dieser einen Rebsorte hergestellt wurde, machte auch im Chianti Schule, und später sollte das Weinanbaugebiet von Montalcino mit dem edlen Brunello folgen.

Diese vorsichtigen Korrekturen der Tradition im Sinne einer Qualitätssteigerung wurden von spektakulären Neuerungen begleitet, begünstigt durch die Ankunft neuer Gutsherren und Kellermeister, die oftmals keine toskanischen Wurzeln hatten und manchmal sogar in Kalifornien ausgebildet wurden. Die Einführung der Rebsorten Cabernet Sauvignon und Merlot hatte einen beachtlichen Aufschwung zur Folge, gleichermaßen in den bis dato wenig erschlossenen Gebieten, zum Beispiel der Maremma, wie auch in

Linke Seite, links: Der Bau des
neuen Weinkellers in Badia ist ein
Beispiel für den nüchternen Stil
Piero Sartogos.

Linke Seite, rechts: Unter dem
Kreuzgang von Badia a Coltibuono
liegt noch ein alter Weinkeller.

Unten links: Gärbottiche und Fässer
wurden vollständig ausgetauscht.

Unten rechts: Eine weitere Kostbar-
keit ist das toskanische Olivenöl.
Die eleganten Flaschen bringen das
schöne Grün des Öls wunderbar
zur Geltung.

DAS OLIVENÖL

Das Olivenöl ist neben dem Wein das zweite Aushängeschild der Toskana. Der Olivenbaum ist ebenso wie die Zypresse fest in der toskanischen Landschaft verwurzelt. Besonders die Gegend von Lucca
ist berühmt für ihr erstklassiges Öl. Doch wenn man sich intensiver
mit dem Thema beschäftigt, wird man auf das Hügelland im Zentrum
der Toskana mit seinen auf höchste Qualität bedachten Erzeuger-
gemeinschaften aufmerksam. Sie schufen das Spitzenöl Laudemio,

das strengsten Kriterien entsprechen muss, die von der Lage
und den Olivensorten über die
einzelnen Verarbeitungsstufen
ab der Ernte bis hin zur Abfül-
lung reichen. Diese Anstrengungen trugen entschieden zu einer
erneuten Aufwertung des Olivenöls bei. Um die Schönheit
seiner Farbe zu unterstreichen,
wird auf das kleinste Detail
geachtet, so etwa auf die elegante Flasche – beim Laudemio
ist sie sechseckig – und das Eti-

den traditionellen Anbaugebieten, wo man die neuen Supertoskaner kreierte, wie mir Giulio Ruspoli erklärte, während er mich
einen Chianti Classico mit einem Supertoskaner seines Weingutes
Lilliano vergleichen ließ.

Eine der bedeutenden Neuschöpfungen der vergangenen dreißig
Jahre ist der inzwischen weltberühmte Sassicaia, den Nicolò Incisa
della Rocchetta auf seinem Weingut in Bolgheri als Nachfolger seines Vaters herstellt. Die Idee zu diesem erlesenen Wein kam Nicolò,
als er zu einer Weinprobe bei seinen Cousins Salviati auf ihrem Gut
Migliarino war. Die Toskana kann stolz sein auf eine Auswahl an
guten Weinen, die keine Konkurrenz scheuen muss. Das offensicht-
lichste Zeichen für die Veränderungen ist das Verschwinden der
bauchigen, strohumwickelten Flaschen.

kett. Eine Rundreise zu den Herstellungsorten des Olivenöls würde
weitgehend mit der zu den Weinanbaugebieten übereinstimmen, wie
Badia a Coltibuono, aber eben nur weitgehend. Es gibt beispielsweise
die reizvolle Fattoria di Maiano in Fiesole, die für manche Szenen des
Films *Zimmer mit Aussicht* von James Ivory als Kulisse diente. Auch
bei Desideria Pasolini dell'Onda in Barberino Val d'Elsa erhält man
Öl von bester Qualität, oder bei den Frescobaldi, deren Ländereien
im Umland von Florenz verstreut liegen und noch dazu ein herrlich
tiefgrünes Öl hervorbringen. Das Anwesen Santa Cristina der Antinori im Chianti ist eine weitere erstklassige Adresse. Toskanisches
Olivenöl, ob eine fruchtige oder eher eine herbe und würzige Variante, verleiht jedem Gericht höhere Weihen, der einfachen *bruschetta*
ebenso wie der raffinierten *passata* – und im Unterschied zu Wein
muss man sich keine Sorgen machen, wenn es um die Menge geht.

FERIENDOMIZILE MIT BESONDERER NOTE

In der Toskana ist es leichter als in manch anderen Regionen Italiens, das passende Quartier zu finden, die Auswahl reicht von prestigeträchtigen Hotels bis hin zu zahlreichen ländlichen Unterkünften, die durch den so genannten *agriturismo* entstanden, mit dem man der Landflucht entgegenwirken will. Ein großer Reiz der Toskana besteht gewiss in den vielen Hotels, die in historischen Gebäuden geschaffen wurden: in ehemaligen Adelssitzen, sehr oft in hoch gelegenen Villen, umgeben von bezaubernden Gärten, in einstigen Klöstern oder auch in aufgegebenen Industriegebäuden wie der früheren Papierfabrik von Colle Val d'Elsa.

Einige der schönsten Hotels Europas
Die Villa San Michele in Fiesole, die über dem Arno-Tal und Florenz thront, ist ein vollendetes Beispiel für die Schönheit der Hotels. Sie war einst der Landsitz der Familie Davanzati, bevor sie zuerst in ein Kloster, dann in ein Hotel umgewandelt wurde. Im Jahre 1599 von Santi de Tito erbaut, öffnet sich das hübsche Gebäude über einen langen Portikus auf den herrlichen Terrassengarten. Die Villa San Michele ist berühmt für ihre Aussicht auf Florenz und für die vielen reizvollen Details: So befindet sich die Rezeption unter dem ehemaligen Altar, und der Speisesaal nimmt das frühere Refektorium ein, an dessen Wand ein Fresko das Letzte Abendmahl darstellt. Man kann sagen, dass die Villa, in der man mit einem tadellosen Service empfangen wird, zu den Glanzlichtern des italienischen, sogar des europäischen Hotelgewerbes gehört. In unmittelbarer Nachbarschaft liegt ein kleines Juwel, das um einiges erschwinglicher ist und in seiner Kategorie ebenfalls als eine Institution bezeichnet werden darf: die Pensione Bencistà, seit Generationen ein Familienbetrieb. Das alte Gebäude, dessen Mobiliar nach Bienenwachs duftet, bietet ebenfalls den Luxus einer

Oben: Die Pensione Bencistà in Fiesole kann ihren Gästen diese fantastische Aussicht auf Florenz bieten.

Oben: Ausschnitt der Villa San Michele in Fiesole: Eine sehr alte Glyzinie rankt sich an der Fassade des einzigartigen Hotels hoch.

Rechte Seite: Die langgestreckte Galerie der Villa San Michele. Unter diesen Arkaden mit Blick auf die toskanische Hauptstadt fühlt man sich wie ein Fürst.

Die familiäre Atmosphäre der Pensione Bencistà blieb in dem Anwesen von angenehm menschlichem Maß erhalten.

unvergleichlichen Sicht auf Florenz, die man inmitten der Blumen-
pracht seiner Terrasse bei Sonnenuntergang genießen sollte.

Ohne dem Luxus legendärer Etablissements wie der Villa San
Michele das Wasser reichen zu können, erlauben doch viele Anwesen
einen Aufenthalt in geschichtsträchtiger Umgebung und familiärer
Atmosphäre. Die Villa Villoresi in Sesto Fiorentino beispielsweise verbreitet noch immer den Charme eines Landsitzes vor den Toren der
toskanischen Hauptstadt. Die ehemalige Festung aus dem 12. Jahrhundert soll schon die Frau des Dichters Dante beherbergt haben, als
dieser im Exil war. In der Renaissance wurde der Bau in ein Lustschloss umgestaltet und um eine vierzig Meter lange Loggia ergänzt.
Aus dem frühen 19. Jahrhundert, als das Anwesen von den Villoresi
erworben wurde, stammen die seltenen, in Tempera gemalten Dekors.
Heute, nach wie vor im Besitz dieser Familie, bietet die Villa Villoresi
dem anspruchsvollen und kultivierten Gast ein traumhaftes Quartier.
Im Norden von Florenz lockt die Villa Campestri, seit über sechshundert Jahren in Familienbesitz, mit der unberührten Natur des Mugello,
einer Region, in der die Medici ihre ersten Landsitze hatten. In der
südwestlich von Florenz gelegenen, kleinen Stadt Montaione wurde
erst kürzlich in dem Palazzo Mannaioni – übrigens mit einer interessanten alten Bibliothek – ein Hotel eröffnet. Für Touristen, die das
Zentrum der Toskana erkunden möchten, bietet sich ein Aufenthalt
zwischen Florenz und Siena in La Suvera oder der Villa San Lucchese
bei Poggibonsi an. Darüber hinaus war La Suvera Eigentum von
Luchino Visconti, und die Ricci richteten die Nebengebäude sowie
einige elegante Suiten in der Villa aus dem 16. Jahrhundert her.

In der Umgebung von Siena sind die historischen Hotels dicht gesät:
Die Certosa di Maggiano sowie die Locanda dell'Amorosa sind die
bekanntesten. In beiden ist ein Aufenthalt sowohl aufgrund der architektonischen Schönheit als auch wegen des exzellenten Service ein Genuss –
und insbesondere das Restaurant der Locanda dell'Amorosa hat einen
ausgezeichneten Ruf. Die Villa Arceno in Castelnuovo Berardenga ist ein
schön erhaltenes, weitläufiges Anwesen, dessen schmucke Villa aus dem
17. Jahrhundert mittlerweile das Hotel beherbergt, während die einstigen Gehöfte ebenfalls wieder instand gesetzt wurden. Nicht weit entfernt
liegt die Villa Scacciapensieri mit der Atmosphäre eines Familiensitzes
und einem bezaubernden Garten im italienischen Stil.

Links: Von den Suiten der Villa San
Michele aus genießt man den Blick auf
den herrlichen Terrassengarten.

Unten: Der Speisesaal der Villa liegt
in einem ehemaligen Kreuzgang,
dessen strenge Architektur charakteristisch für Florenz ist. Unter Luxus
versteht man hier Raffinesse ohne
Prahlerei.

In Pienza ist im Il Chiostro noch etwas von dem spartanischen Geist des ehemaligen Franziskanerklosters spürbar, doch der friedliche Kreuzgang und die reizvollen Ausblicke von den Zimmern, die auf die Val d'Orcia gehen, machen das Hotel zu einer empfehlenswerten Adresse. Zwischen Siena und Arezzo, am Rande des Chianti-Gebietes, steht das Castello di Montebenichi – ein bezauberndes Anwesen, das von seinen englischen Besitzern stilsicher in der Tradition der bedeutenden Sammler des 19. Jahrhunderts eingerichtet wurde.

In Richtung Küste wurde bei Livorno erst vor kurzem das günstig gelegene Castello di Magona eröffnet, von dem aus der Besucher es nicht weit hat zu vielen Sehenswürdigkeiten der Toskana und zu den feinen Sandstränden der Tyrrhenischen Küste. Die Villa di Corliano zwischen Pisa und Lucca mutet wie ein kleines Paradies an, das – selbst wenn dies Abstriche beim Komfort bedeutet – hoffentlich noch lange erhalten bleibt. Im Umland von Lucca zeugen erhabene Villen des 18. und 19. Jahrhunderts von den glanzvollen Zeiten unter Elisa Bonaparte: die Villa la Principessa, die Villa San Michele und das Hotel Principessa Elisa.

Im Chianti sowie in der Gegend von Siena finden sich auch rustika-lere, doch nicht minder sehenswerte Unterkünfte. Das Olmo bei dem mittelalterlichen Dörfchen Monticchielo beispielsweise ist ein altes Bauernhaus aus dem 17. Jahrhundert, das mit viel Fingerspitzengefühl restauriert wurde. Die Region Val d'Orcia – weniger überlaufen als das Chianti-Gebiet – bietet mehrere empfehlenswerte Adressen, wie das Castello di Ripa d'Orcia oder die Zimmer des Restaurants Cantina il Borgo in dem kleinen Dorf Rocca d'Orcia. Schöne Übernach-tungsmöglickeiten in diesem südlichen Teil der Toskana gibt es auch im Sette Querce in San Casciano dei Bagni. Weiter nördlich, zwei Kilometer von San Gimignano entfernt, befindet sich Il Casale del Cotone, ein ehemaliger Bauernhof, in dem mehrere Zimmer und Appartements eingerichtet wurden; dasselbe gilt für Casanova di Pescille mit dem schönen Blick auf die Türme von San Gimignano. In den Crete Senesi ist die Azienda Piccolomini Bandini ein idealer Ausgangspunkt für die Erkundung der faszinierenden Landschaft um San Giovanni d'Asso. Oftmals lässt sich zwischen normalen Pensionen und dem Angebot des so genannten *agriturismo,* der für eine Art »Urlaub auf dem Bauern-hof« steht, keine klare Grenze mehr ziehen.

Florenz selbst verfügt über eine Fülle von Unterkunftsmöglichkeiten, für die man aber nicht selten etwas tiefer in die Tasche greifen muss. Prachtvolle Bauten erinnern an das Goldene Zeitalter des eleganten Tourismus, an das 19. Jahrhundert und die Wende zum 20. Jahrhundert. Das Excelsior an den Ufern des Arno oder das frisch renovierte Savoy an der Piazza della Repubblica stehen ganz in dieser Tradition. Intimeren Charme findet der Besucher vielleicht eher in den nicht ganz so fürst-lichen Hotels wie dem Loggiato dei Serviti – an der wunderschönen Piazza Santissima Annunziata, einem von Brunelleschi entworfenen Renaissance-Platz – oder dem Hotel Villa Medici, einen Katzensprung vom Palazzo Corsini al Prato entfernt. So manche Pension kann auf eine ebenso interessante Geschichte zurückblicken wie die mondänen Hotels: die Pensione Quisisana zum Beispiel, in der sich hinter der Nummer 22 das berühmte *Zimmer mit Aussicht* verbirgt. Am Fuße des Hügels San Miniato, entlang des Viale Michelangelo, wurden alte Villen im italieni-schen Jugendstil, dem Liberty-Stil, zu Hotels – doch wie oft in Florenz muss man sich zwischen schöner Aussicht und ruhiger Lage entscheiden. Eine Ausnahme wie das Hotel Torre di Bellosguardo inmitten eines zau-berhaften Gartens ist zu Recht eine der begehrtesten Adressen der Stadt.

Linke Seite: Die Villa Scacciapensieri – familiäres Ambiente in der Nähe von Siena. Nicht nur die Aussicht auf die Stadt und der hübsche italienische Garten zeichnen die Villa aus, sondern besonders ihr renommiertes Restaurant.

Ganz links und links: Ansichten der Villa Villoresi in Sesto Fiorentino bei Florenz.

Unten: Die Zimmer des Hotels in der Villa Villoresi öffnen sich auf die Loggia – die längste der Toskana.

Ein weißer Rosenstrauch schmückt den Eingang zu einem der Gästehäuser von Lilliano. Der Charakter der einstigen Bauernhäuser ging bei den Restaurierungsarbeiten nicht verloren. Viele vergleichbare Häuser konnten durch den, wie man in Italien sagt, *agriturismo* gerettet werden.

Agriturismo oder Ferien auf dem Lande

Innerhalb nur eines Generationswechsels leerte die Landflucht der Nachkriegszeit im wahrsten Sinne des Wortes ganze Dörfer und unzählige Gehöfte. Lilliano bei Castellina in Chianti beispielsweise, ein Landgut von durchschnittlicher Größe, hatte in den 1950er und 1960er Jahren dreizehn aufgegebene Bauernhöfe, *casali*, zu beklagen. Die Dachkonstruktionen müssen permanent instand gehalten werden, sodass jede längere Vernachlässigung irreparable Schäden zur Folge hat. Durch den Aufbau des *agriturismo*, mit dem den Häusern ihre Bestimmung als Wohnstätte wiedergegeben wird, hat man eine wirtschaftliche Grundlage zum Erhalt der Gebäude geschaffen. Ob man sich nun ein Appartement oder ein ganzes Bauernhaus für den Urlaub mietet, diese Unterkünfte sind ideal, um mit Freunden oder der Familie, ohne die Zwänge eines Hotels, die landschaftliche Schönheit der Toskana zu genießen.

Insbesondere Gäste der ländlichen Adressen im Chianti wohnen günstig für Ausflüge nach Florenz und Siena, Volterra und Arezzo.

Doch ebenso kommen die Anhänger des Dolcefarniente auf ihre Kosten. Ich erinnere mich immer noch an eine herrliche Maiennacht in Lilliano, als die umliegenden Felder vor Glühwürmchen funkelten, oder an die herrliche Stille in Cosona, in einem Nebengebäude des Schlosses der Bichi Ruspoli – mit dem außergewöhnlichen Blick über die Region von Pienza, Montalcino und die Crete Senesi. Doch so hat jeder seine Vorlieben und seine Lieblingsadressen. Amerikanische Freunde empfahlen mir die herrlich gelegene Fattoria La Loggia in Montefiridolfi, nicht einmal zwanzig Kilometer von Florenz entfernt. Der jetzige Eigentümer des Anwesens mit den fantastischen Ausblicken ist ein Liebhaber moderner Kunst aus Norditalien. Für Pferdeliebhaber eignet sich eines der Feriendomizile der Familie Ferragamo in dem Weiler Borro in San Giustino Valdarno oder auch das Castello di Volpaia in Radda in Chianti. Das Landleben von einst gehört zwar oft der Vergangenheit an, aber der *agriturismo* kann die vom Verfall bedrohten Dörfchen zu neuem Leben erwecken – zur Freude all jener, für die Kultur und Lebenskunst nicht voneinander zu trennen sind.

Links: Der Eingangsbereich des Schlosses in Cosona bei Pienza.

Unten links: Ein leckerer Willkommensgruß für die Gäste: der Kuchen mit Pinienkernen.

Unten rechts: Die Nebengebäude des Schlosses wurden zu einladenden Feriendomizilen hergerichtet.

Folgende Seite: Die ehemaligen Gehöfte auf den Ländereien von Lilliano liegen inmitten von Weinbergen: ein bezauberndes Urlaubsquartier im Herzen der Toskana und günstig gelegen für Ausflüge zu den vielen Sehenswürdigkeiten.

ADRESSEN IN DER TOSKANA

Die besten Adressen in der
Toskana sowie Geheimtipps von
Toskanern. Der folgende Führer
weist Ihnen den Weg zu den
Zimmern mit Aussicht und den
kulinarischen Verlockungen, den
Kunstschätzen der Museen, den
interessanten Antiquitätengeschäf-
ten sowie den Ateliers außergewöhnlicher Kunsthandwerker.

Die Toskana in all ihren Facetten kennen zu lernen ist eine Lebensaufgabe. Über die Autobahnen, die Norditalien mit Rom verbinden, ist diese von jeher kontrastreiche Landschaft leicht zu erreichen. Gewiss fehlt es in der Region nicht an verbindenden Elementen, angefangen bei den etruskischen Wurzeln über die Herrschaft der Großherzöge bis hin zu der gemeinsamen Sprache, die sich allen Widerständen zum Trotz ab dem Mittelalter in ganz Italien durchsetzte. Aber ein Toskaner betrachtet sich in erster Linie als Florentiner, Sieneser, Pisaner oder Luccheser, denn die regionale Identität erwuchs aus dem Erstarken dieser oftmals sehr einflussreichen Stadtstaaten – Pisa beherrschte bei-

spielsweise im 12. Jahrhundert weite Teile des Mittelmeerraumes.

Die florentinische Renaissance, die den *uomo universale* zum Ideal erhob – gleich Leonardo da Vinci oder Michelangelo – übt noch heute eine magische Anziehungskraft auf kulturbegeisterte Menschen aus. Die bedeutungsvolle Vergangenheit könnte die Gegenwart leicht erdrücken, ebenso wie ein politischer, wirtschaftlicher und künstlerischer Niedergang des Großherzogtums ab dem 17. Jahrhundert unvermeidbar erscheinen musste. Doch selbst auf die Rolle einer bloßen Region Italiens beschränkt, hat sich die Toskana eine beachtliche Vitalität bewahrt. Sogar einschneidende Veränderungen wie die Ausweitung der Städte und die Landflucht nach dem

Zweiten Weltkrieg konnten der viel gerühmten Harmonie der toskanischen Landschaft nichts anhaben, denn die hiesige Lebensart sucht ihresgleichen. Der toskanische Alltag spielt sich in einem Rahmen voll Schönheit und Eleganz ab. Auch wenn man den Toskanern, insbesondere den Florentinern, nachsagt, sie könnten sich nur schwer von einem gewissen Überlegenheitsgefühl befreien, herrscht hier seit Jahrhunderten eine sehr große Aufgeschlossenheit dem Ausland gegenüber, und darüber hinaus machten zahlreiche Ausländer, allen voran bereits Ende des 18. Jahrhunderts die Engländer, die Toskana zu ihrer Wahlheimat.

Heute drängen sich zwar an den berühmtesten Sehenswürdigkeiten die

Touristenmassen, doch sogar in Florenz, ganz zu schweigen von den kleinen Städten oder Dörfern, kann man vielerorts noch die Ergriffenheit der Reisenden von einst nachempfinden.

Dennoch kann man nicht oft genug die Nebensaison für einen Aufenthalt empfehlen, ja selbst den ungemütlicheren Winter – vielleicht die einzige Jahreszeit, zu der man überhaupt die Uffizien oder ähnlich berühmte Institutionen in aller Ruhe besichtigen kann.

Abgesehen von den Autobahnen kommt man innerhalb der Toskana nur langsam voran, weshalb die folgenden Adressen – viele von ihnen sind Geheimtipps toskanischer Freunde – nach geografischen Gesichtspunkten geordnet wurden.

FLORENZ

Die toskanische Hauptstadt stellt eine Welt für sich dar. Sie bietet nicht nur eine unerschöpfliche Fülle an Kunstschätzen, sondern hat sich auch das majestätische Flair einer Hauptstadt bewahrt und erträgt die Besucherinvasionen mit stoischem Gleichmut. Florenz ist und bleibt trotz eines gewissen konservativen Akzentes ein Symbol für Eleganz und Raffinesse; ob in der Mode oder in der Gastronomie, die Fantasie entfaltet sich eher innerhalb der Grenzen eines sehr sicheren Stils, als dass sie von Wagemut geprägt wäre.

Ein Vorteil für den Besucher ist es, dass man nicht auf Verkehrsmittel angewiesen ist, denn Florenz ist eine enge, überschaubare Stadt. Museen, Antiquitätengeschäfte, Boutiquen großer Modeschöpfer und Juweliere liegen ebenso wie lebhafte Märkte und exzellente Restaurants dicht beieinander und können mühelos zu Fuß erreicht werden. Geschäftsadressen haben in Florenz rote Hausnummern, die durch den Zusatz »r« gekennzeichnet sind.

HOTELS

Die Innenstadt hat trotz des erhöhten Geräuschpegels zahlreiche empfehlenswerte Unterkünfte zu bieten – von prestigeträchtigen Hotels bis zu schlichteren, preiswerteren Quartieren.

EXCELSIOR
Piazza Ognissanti, 3
Tel.: 0 55/26 42 01
Fax: 0 55/21 02 78
Das Hotel erstreckt sich entlang des Arno und liegt direkt neben der Kirche Ognissanti mit dem herrlichen Fresko des hl. Augustinus von Botticelli. Es ist das vollkommene Beispiel eines traditionsreichen Grandhotels.

HELVETIA & BRISTOL
Via dei Pescioni, 2
Tel.: 0 55/28 78 14
Fax: 0 55/28 83 53
Das luxuriöse Hotel war in intellektuellen Kreisen äußerst beliebt und öffnet sich auf eine schmale Straße des historischen Stadtkerns nahe dem Palazzo Strozzi. Eine der exquisitesten Unterkünfte von Florenz.

SAVOY
Piazza della Repubblica, 7
Tel.: 0 55/28 33 13
Fax: 0 55/28 48 40
Das frisch renovierte Haus liegt direkt an der großzügigen Piazza aus dem 19. Jahrhundert. Die Cafés, insbesondere das Gilli, im Stil derselben Epoche erfreuen sich auch großer Beliebtheit.

REGENCY
Piazza Massimo d'Azeglio, 3
Tel.: 0 55/24 52 47
Fax: 0 55/28 48 40
Etwas außerhalb des Stadtzentrums, im Norden des Viertels Santa Croce, liegt das Regency mit einem angenehmen Ambiente. Für Reisende, die mit dem Auto unterwegs sind, ist es im Vergleich zu anderen, gut zu erreichen. Das ursprüngliche Flair einer Patriziervilla ist bis heute nicht verloren gegangen.

VILLA MEDICI
Via Il Prato, 42
Tel.: 0 55/2 38 13 31
Fax: 0 55/2 38 13 36
Dieses Hotel liegt ganz in der Nähe der Porta al Prato und des Palazzo Corsini al Prato mit dem herrlichen Garten (siehe S. 196).

J AND J
Via di Mezzo, 20
Tel.: 0 55/2 34 50 05
Fax: 0 55/24 02 82
Das einstige Wohnhaus aus dem 16. Jahrhundert liegt in direkter Nachbarschaft der Franziskanerkirche Santa Croce und präsentiert eine interessante Verbindung von Alt und Modern. Die alten Gebäudeteile sowie die Dekors wurden sorgfältig restauriert, während die Zimmer eine zeitgenössische Einrichtung erhielten.

BRUNELLESCHI
Piazza Santa Elisabetta, 3
Tel.: 0 55/29 03 11
Fax: 0 55/21 96 53
Ein großzügiges Hotel inmitten eines Gebäudekomplexes mit einem sehr alten Turm. Man befindet sich in einer Fußgängerzone im Herzen des historischen Stadtviertels. Der Blick von manchen Zimmern sowie von der Terrasse auf die Kuppel des Doms und die Stadt ist atemberaubend.

CAVOUR
Via del Proconsolo, 3
Tel.: 0 55/28 24 61
Fax: 0 55/21 89 55

Fast gegenüber dem Nationalmuseum Bargello findet man das Hotel mit dem außergewöhnlichen Panoramablick über den historischen Stadtkern.

LUNGARNO
Borgo San Jacopo, 14
Tel.: 0 55/2 72 61
Fax: 0 55/26 84 37
Dieses Hotel zeichnet insbesondere seine herrliche Aussicht auf den Ponte Vecchio aus, die man vom Salon und einigen Zimmern genießt.

HERMITAGE
Piazza del Pesce – Vicolo Marzio, 1
Tel.: 0 55/28 72 16
Fax: 0 55/21 22 08
Von der Dachterrasse des Hotels, das am Ponte Vecchio liegt, überblickt man die beiden Ufer des Arno. Trotz verkehrsberuhigter Zone bleibt dieses Viertel turbulent.

LOGGIATO DEI SERVITI
Piazza della Santissima
Annunziata, 3
Tel.: 0 55/28 95 92
Fax: 0 55/28 95 95
Seine schlichte Eleganz macht das Hotel zu einem meiner Favoriten. Es liegt an einem schönen Renaissance-Platz und darf als Nachbar des von Brunelleschi entworfenen Ospedale degli Innocenti bezeichnet werden. Dennoch ist es selten überlaufen. Die hinteren Zimmer haben Aussicht auf den Garten des sehenswerten Museums Accademia di Belle Arti.

HOTEL DAVID
Viale Michelangelo, 1
Tel.: 0 55/6 81 16 95
Fax: 0 55/68 06 02
Unterhalb von San Miniato, nahe am Arno gelegen, wird man auf das freundlichste empfangen. Die Villa aus dem 19. Jahrhundert wurde erweitert und modernisiert; bei der Einrichtung, insbesondere der Platzierung antiker Möbel, wurde Geschmack bewiesen. Die Zimmer nach hinten hinaus sind besonders ruhig.

PENSIONE PENDINI
Via Strozzi, 2
Tel.: 0 55/21 11 70
Fax: 0 55/28 18 07
Mehrere Zimmer der sehr freundlichen, über hundert Jahre alten Pension gehen auf die belebte Piazza della Repubblica. Sie ist zentral gelegen, hat eine angenehme Atmosphäre und ist wesentlich preiswerter als das gegenüber befindliche Savoy.

Auf den nahen Anhöhen um Florenz

TORRE DI BELLOSGUARDO
Via Roti Michelozzi, 2
Tel.: 0 55/2 29 81 45
Fax: 0 55/22 90 08
Ein äußerst beliebtes Hotel mit nur wenigen Zimmern, das von einem mittelalterlichen Turm überragt wird und inmitten eines hübschen Gartens liegt. Mit dem Charme der klassischen Eleganz der Einrichtung kann kein modernes Hotel konkurrieren.

VILLA BELVEDERE
Via Benedetto Castelli, 3
Tel.: 0 55/22 25 01
Fax: 0 55/22 31 63
Ein Hotel mit vernünftigen Preisen, angenehmem Garten und Schwimmbad. Es lockt ebenfalls mit einer wunderbaren Aussicht auf die Stadt.

Zwei legendäre Adressen in Fiesole

VILLA SAN MICHELE
Via Doccia, 4
Tel.: 0 55/5 94 51
Fax: 0 55/59 87 34
Das Hotel in einem ehemaligen Renaissance-Kloster wird von einem fantastischen italienischen Garten umgeben. Der Blick über Florenz, vor allem bei Sonnenuntergang, ist atemberaubend. Das Interieur und das Mobiliar sind gleichfalls äußerst geschmackvoll, der Service ausgezeichnet und die Preise entsprechen diesen Vorzügen. Zweifelsohne eines der schönsten Hotels in ganz Europa.

Selbst ein Kurzaufenthalt wird zu einem unvergesslichen Erlebnis (siehe S. 192, 195).

PENSIONE BENCISTÀ
Via Benedetto da Maiano, 4
Tel./Fax: 0 55/5 91 63
Seit ich vor über 25 Jahren diese einladende Familienpension kennenlernte, hat sie nichts von ihrer reizenden Atmosphäre eingebüßt. Die traditionell möblierten Zimmer haben aber an Komfort gewonnen, und angesichts der unvergesslichen Aussicht empfindet man die obligatorische Halbpension nicht als Zwang. Die Preise sind eine angenehme Überraschung (siehe S. 192, 194).

RESTAURANTS

ENOTECA PINCHIORRI
Via Ghibellina, 87
Tel.: 0 55/24 27 77
Das luxuriöse Lokal in einem Palazzo aus dem 16. Jahrhundert, in der Nähe von Santa Croce gelegen, ist ein Familienbetrieb. Es gehört zu den renommiertesten Restaurants der Toskana, ja sogar Italiens. Im Sommer speist man in dem schönen Innenhof. Der Weinkeller ist exzellent, die Küche besticht durch Tradition und Fantasie, was vor allem dem Talent von Alessandro Pinchiorri zu verdanken ist.

CIBREO
Via Andrea del Verrocchio, 8
Tel.: 0 55/2 34 11 00
Es handelt sich völlig zurecht um eines der gefragtesten Restaurants der Stadt, das geprägt wird von der herzlichen Art des Besitzers Fabio Picchi. Die erstklassige, immer wieder überraschende Küche und das schlichte elegante Ambiente tun ein übriges. Zu dem Restaurant gehören unter anderem auch noch eine Trattoria und ein Café (siehe S. 189).

CAFFÈ CONCERTO
Lungarno Cristoforo Colombo, 7
Tel.: 0 55/67 64 93
Das elegante Restaurant mit schönem Garten zeichnet sich durch den Einfallsreichtum seines Küchenchefs Fulvio Pietrangelini aus, der zwar manchen traditionellen Spezialitäten nicht abgeneigt ist, aber noch lieber für kulinarische Überraschungen sorgt.

SABATINI
Via Panzani, 9A
Tel.: 0 55/28 28 02
Exzellent zubereitete toskanische Spezialitäten kann man bei einem Besuch dieses Lokals in der Nähe des Bahnhofs genießen. Ein Genuss beispielsweise ist die Ente: *anatra alla maremanna*.

SOSTANZA
Via della Porcellana
Tel.: 0 55/21 26 91
In dem einstigen Kolonialwarenladen des Viertels Santa Maria Novella stehen ausschließlich traditionelle toskanische Gerichte auf der Karte. Sowohl Auswärtige als auch Einheimische fühlen sich in der lebhaften und herzlichen Atmosphäre wohl.

IL LATINI
Via dei Palchetti, 6/r
Tel.: 0 55/21 09 16
Im Herzen der Stadt wurde dieses Restaurant in den ehemaligen Pferdeställen des Palazzo Rucellai eingerichtet. Hervorragende toskanische Küche. Versäumen Sie nicht die berühmte *bistecca alla fiorentina!*

BUCA LAPI
Via del Trebbio, 1
Tel.: 0 55/21 37 68
Ein reizvolles Restaurant in den Kellern des Palazzo Antinori.

CANTINETTA ANTINORI
Piazza Antinori, 3
Tel.: 0 55/29 22 34 od. 2 35 98 27
Einst wurden die Räumlichkeiten im Erdgeschoss des Renaissance-Palastes

Antinori nur eingerichtet, um die Weine der verschiedenen Güter der Familie vorzustellen. Inzwischen ist das Restaurant sehr beliebt.

COCO LEZZONE
Via del Parioncino, 26r
Tel.: 0 55/28 71 78
Freunde der traditionellen toskanischen Küche kommen in dem winzigen Restaurant nahe dem Ponte Vecchio auf ihre Kosten. Die *pappa al pomodoro* ist ein Gedicht.

L'OROLOGIO
Via G. P. Orsini, 86
Tel.: 0 55/6 81 17 29
Am Arno, unterhalb von San Miniato al Monte, liegt diese traditionelle, sehr einladende Trattoria. Zu den Spezialitäten gehört die *budellina di vitello*, sehr delikate Kutteln vom Kalb.

ALLA VECCHIA BETTOLA
Viale Ludovico Ariosto, 32r
Tel.: 0 55/22 41 58
Ein lebhaftes, typisch florentinisches Ambiente besitzt dieses Lokal mit den langen Tischen. Die Wände schmücken alte Stiche. Die landestypischen, leckeren Gerichte genießen auch bei Einheimischen einen sehr guten Ruf.

LA CASALINGA
Via dei Michelozzi, 9/r
Tel.: 0 55/21 86 24
Eine toskanische Trattoria, wie man sie sich vorstellt: schlicht, aber anspruchsvoll, was die Qualität der Produkte angeht. Ab und an ist hier das Kuratorium des nahegelegenen Palazzo Pitti zu Gast, und es ist nicht nur die Freundlichkeit des Wirtes, die diese Kenner anzieht.

FIASCHETTERIA CAMBI
Via S. Onofrio, 1r
Tel.: 0 55/21 71 34
Nur einen Katzensprung vom Antico Setificio Fiorentino entfernt wartet dieses lebhafte Lokal ebenfalls mit Spezialitäten und Weinen der Toskana auf.

Es liegt im Erdgeschoss eines alten Palazzo inmitten des authentischen Viertels San Frediano.

LA LOGGIA
Piazzale Michelangelo, 1
Tel.: 0 55/2 34 28 32
Hier kommt neben dem Gaumen auch das Auge auf seine Kosten, denn La Loggia bietet einen herrlichen Panoramablick. Kosten Sie das Carpaccio von in Öl marinierter Goldbrasse – *carpaccio di spigola marinata*.

OMERO
Via Pian dei Giulari, 11r
Tel.: 0 55/22 00 53
Nicht weit von der Villa di Poggio Imperiale in den Hügeln südlich von Florenz liegt das ländliche Omero. In einladender Atmosphäre genießt man die schöne Aussicht. Die *ribollita* ist sehr empfehlenswert.

Ein Tipp für einen Abstecher nach Fiesole

LE CAVE DI MAIANO
Via delle Cave, 16
Tel.: 0 55/5 91 33
Eine sympathische Trattoria, die sich selbst treu geblieben ist, trotz der Touristenströme in der kleinen Stadt.

FÜR GOURMETS

In Florenz sind die Geschäfte für erlesene toskanische oder andere Spezialitäten dicht gesät. Diese Feinkosttempel bestechen schon durch die Präsentation der Waren: Die schöne Farbe des Olivenöls, die eleganten Weinflaschen und Etiketten sowie die bunten Pasta-Variationen bieten ein farbenfrohes Bild. Hier nur eine kleine Auswahl an Feinkostgeschäften, mehr würden den Rahmen sprengen:

ALIMENTARI
Via Parione, 19r
Nahe dem Palazzo Corsini bietet dieser Laden alles, was man für die Zube-

reitung köstlicher Sandwiches oder *panini* benötigt.

DOLCI E DOLCEZZE
Via de' Corso, 41r
Für viele ist sie die beste Konditorei der Stadt, dank des begnadeten Giulio Corti.

ENOTECA ALESSI PARIDE
Via delle Oche, 27–29r
Hier findet man die gesamte Bandbreite toskanischer und italienischer Weine aber auch einige Flaschen legendärer Liebhaberweine.

PITTI GOLA E CANTINA
Piazza Pitti, 16
Das unglaublich umfangreiche Sortiment macht das Geschäft zu einem Muss für Feinschmecker.

CAFÉS

Für die intellektuellen Kreise von Florenz waren die Cafés schon immer besondere Treffpunkte, vor allem im 19. Jahrhundert. Während ihre Eleganz manchmal an englische Clubs erinnert, wohnt ihnen doch eine durch und durch mediterrane Seele inne.

RIVOIRE
Piazza della Signoria, 5
Tel.: 0 55/21 44 12
Ursprünglich war das Rivoire einer der renommiertesten Chocolatiers der Stadt. Heute ist es das Café mit dem schönsten Blick auf die Piazza della Signoria. Bei jedem Besuch von Florenz ist eine Tasse Schokolade an einem der Tische im Freien immer wieder ein Genuss.

CAFFÈ STROZZI
Piazza Strozzi, 16r
Tel.: 0 55/21 25 74
Die moderne Version des traditionellen Cafés: schickes Dekor, junges Publikum und bis spät in die Nacht geöffnet.

GILLI
Piazza della Repubblica, 39r
Tel.: 0 55/29 63 10
Dieses Café mit seinen Spiegeln, Kronleuchtern und bronzenen Lampenständern entspricht ganz dem überladenen Stil des ausgehenden 19. Jahrhunderts. In jener Epoche entstand auch die Piazza, ein typisches Beispiel für die von den Piemontesen importierte Stadtplanung.

GIUBBE ROSSE
Piazza della Repubblica, 13–14
Tel.: 0 55/21 22 80
Gegenüber dem Gilli befindet sich dieses Café, das im 20. Jahrhundert ein Treffpunkt der intellektuellen Kreise war. Seinen Namen gaben ihm die roten Westen der Kellner.

PROCACCI
Via Tornabuoni, 64
Tel.: 0 55/21 16 56
Man fragt sich, ob es sich nicht eher um einen Feinkostladen handelt, als um ein typisches Café: Hinter der herrlich altmodischen Auslage werden Köstlichkeiten aller Art geboten, wie die berühmten Trüffel-Sandwiches.

MUSEEN

Neben den großen Museen, die bei jeder Reisegruppe auf dem Besichtigungsprogramm stehen, und bis auf die Zeit zwischen Januar und März immer überlaufen sind, gilt es in Florenz, eine Vielzahl weniger bekannter doch ebenfalls sehenswerter Museen zu entdecken, beispielsweise das **Museo della Casa Fiorentina Antica** im Palazzo Davanzati (Via Porta Rossa, 13 Tel.: 0 55/2 38 86 10) oder das frisch renovierte **Museo Horne**, das die Liebe eines Engländers zur Kunst der Renaissance widerspiegelt (Via de' Benci, Tel.: 0 55/24 46 61). Das am Stadtrand gelegene **Museo Stibbert** (siehe S. 158–161) dokumentiert ebenfalls die eklektische Sammelleidenschaft eines kultivierten

Mannes, der sich unter anderem für mittelalterliche Rüstungen begeisterte (Via Federico Stibbert, 26 Tel.: 0 55/47 55 20). Des weiteren erinnern gleich mehrere Museen daran, dass Florenz auf dem Gebiet der Wissenschaft zu weltweitem Ansehen gelangte.

Auch ein Besuch des **Museo Zoologico »La Specola«**, in der Nähe des Palazzo Pitti gelegen, lohnt sich. Unempfindlichen Betrachtern sei insbesondere die schaurige Sammlung der anatomischen Wachsmodelle des ausgehenden 18. Jahrhunderts empfohlen (Via Romana, 17 Tel.: 0 55/28 82 51).

Im **Museo di Storia della Scienza** wird in einem modernen, vielleicht etwas kühlen Ambiente eine fantastische Sammlung historischer wissenschaftlicher Instrumente ausgestellt, darunter auch die drei Meter hohe Armillarsphäre aus vergoldetem Holz aus dem Besitz des Ferdinando de' Medici (Piazza dei Giudici, 1 Tel.: 0 55/29 34 93).

TRADITIONELLES KUNSTHANDWERK UND KREATION

Ein Bummel durch Florenz kommt aufgrund der herrlichen Objekte seiner Kunsthandwerker einer ständigen Versuchung gleich. Selbst im Bereich der Souvenirproduktion wird noch ein gewisses Niveau gewahrt. Doch unser eigentliches Interesse sollte selbstverständlich dem wirklichen Kunsthandwerk gelten, das hier wie vielerorts ausgestorben wäre, wenn nicht manch ein Atelier bis heute bemüht wäre, Traditionsbewusstsein mit Innovation zu verbinden.

Die Mode nimmt einen wichtigen Rang ein, mit Modehäusern, die von Florentinern gegründet wurden – in der Haute Couture **Emilio Pucci** oder im Bereich der Lederwaren **Guccio Gucci** – oder mit kreativen Genies wie dem gebürtigen Neapolitaner **Salvatore Ferragamo** (siehe S. 174, 175),

der nach einem kleinen Umweg über Hollywood Florenz zum Sitz seines Imperiums machte. In der Via Tornabuoni, im Herzen der Stadt, kommen Modeliebhaber in den unzähligen eleganten Boutiquen voll auf ihre Kosten.

Erlesene und schöne Antiquitäten werden in einigen florentinischen Stadtvierteln in renommierten Geschäften ausgestellt und verkauft. Die Palazzi der Via Maggio beherbergen die Geschäfte so berühmter Händler wie **Giovanni Pratesi**, einem Experten für toskanischen Barock unter Nr. 13 und **Guido Bartolozzi** unter Nr. 18r.

Am Borgo Ognissanti findet man unter anderem die bekannten Händler **Paolo Romano**, Nr. 20r, und **Alessandro Romano**, Nr. 31. Das ehrwürdigste unter den Geschäften ist die **Galleria Luigi Bellini**, Lungarno Soderini, 3–5: In einem mittelalterlichen Palast führt **Luigi Bellini** eine zweihundert Jahre alte Tradition fort und stellt eine Verbindung zur Moderne her. Sein Vater war einer der Gründer der Internationalen Biennale, die heute im Palazzo Corsini stattfindet.

Die folgenden Adressen vermitteln einen Eindruck von dem Reichtum des kulturellen Erbes der Stadt. Manch einer der Kunsthandwerker hat es zu internationalem Renommee gebracht – in diesem Fall entsprechen natürlich die Preise der meisterhaften Qualität der Produkte.

Stickerei

LORETTA CAPONI
Piazza Antinori, 4r
Tel.: 0 55/21 36 68
Die erlesenen, handgefertigten Stickereien Loretta Caponis genießen weltweites Ansehen, da sie Tradition mit einem Sinn für fantasievolle Neuschöpfungen verknüpft. Natürlich sind auch Sonderanfertigungen nach eigenen Wünschen möglich, außerdem verfügt das Unternehmen über eine schöne Sammlung alter Motive.

Lederwaren

FERRAGAMO
Via Tornabuoni, 16r
Das Geschäft befindet sich in einem Palazzo aus dem 13. Jahrhundert, der darüber hinaus auch ein bezauberndes Museum beherbergt. Es dokumentiert den märchenhaften Aufstieg des berühmten Schuhdesigners Salvatore Ferragamo (siehe S. 174, 175).

GUCCI
Via Tornabuoni, 73r
Die Boutique liegt weit entfernt von der Werkstatt, die Guccio Gucci einst in der Via della Vigna eröffnete, um seine elegante Kundschaft mit luxuriösen Sattlerwaren zu beliefern. Gucci ist inzwischen zu einer der am häufigsten gefälschten Marken der Welt geworden. Ein Besuch beim »Original« wird Ihnen einen Eindruck von der außergewöhnlichen Qualität der Materialien und der erstklassigen Verarbeitung geben, die das Renommee dieses Unternehmens begründen.

IL BISONTE
Via del Parione, 35A/r
In derselben Straße wie der Palazzo Corsini gelegen, zeichnet sich dieser Handwerksbetrieb durch die puristische Linie seiner Taschen, Koffer und der übrigen Lederwaren aus.

BOJOLA
Via Rondinelli, 25r
Seit 1861 ist dieses traditionsreiche Haus in der Stadt angesiedelt. Neben klassischen Produkten wie vornehmen Regenschirmen wird hier ebenfalls eine Kollektion sehr sportlicher Lederartikel hergestellt.

TADDEI
Piazza Pitti, 6r und Via Santa Margherita, 11
Schon in der dritten Generation werden bei Taddei kleine Lederwaren traditionell gefertigt, insbesondere Schachteln und Kästchen aller Art.

UGOLINI
Via Tornabuoni, 20–22r
Unter dieser Adresse finden Sie die besten Handschuhe von ganz Florenz.

Papier

EDIZIONI
Via della Vigna Nuova, 82r
Tel.: 0 55/21 51 65
Außergewöhnlicher Hersteller von handgeschöpftem Papier.

IL PAPIRO
Piazza del Duomo, 24r
Tel.: 0 55/21 52 62
Marmoriertes Papier in all seiner Pracht und für die unterschiedlichsten Verwendungszwecke – in diesem Geschäft findet man für jeden das passende schöne Geschenk (siehe S. 178).

PINEIDER
Piazza della Signoria, 13r
Tel.: 0 55/28 46 55
Schreibutensilien und edles Papier für die elegante Korrespondenz.

Essenzen und Parfüms

BIZZARRI
Via Condotta, 32r
Tel.: 0 55/21 15 80
In dem winzigen Laden ist der Kunde König – hier findet auch der Parfümeur seine Ingredienzen (siehe S. 172).

OFFICINA PROFUMO-FARMACEUTICA DI SANTA MARIA NOVELLA
Via della Scala, 16
Tel.: 0 55/21 62 76
Diese ehemalige Klosterapotheke mit dem Dekor von einst und ihren uralten Rezepturen lockt Besucher aus der ganzen Welt an: parfümierte Seifen, Eau de Toilette, das Räucherpapier Carta d'Armenia und tausenderlei Kuriositäten wie die Creme aus Schneckenöl gegen trockene Haut. Seit dem 16. Jahrhundert rühmt man in ganz Europa die Produkte dieser einzigartigen Institution.

EIN EINKAUFSBUMMEL IN FLORENZ

Florenz ist zweifelsohne eine Stadt mit äußerst verlockenden Schaufenstern. So reihen sich in der Via Tornabuoni die Häuser der großen Modeschöpfer aneinander: **Gucci** verfügt gleich über zwei Adressen, Nr. 57–59r und Nr. 73r; **Salvatore Ferragamo** hat Nr. 16r, **Armani** Nr. 35–37r, **Fendi** Nr. 27r, **Trussardi** Nr. 34–36r und **Versace** Nr. 13–15r. **Ugolini**, der beste Handschuhmacher, residiert in Haus Nr. 20–22r.

Der Juwelier **Settepassi-Faraone** hat dem überlaufenen Ponte Vecchio, der traditionellen Adresse seiner Zunft, den Rücken gekehrt und sein Atelier in Nr. 25r angesiedelt – besonders die Perlen des alteingesessenen Geschäftes machen Furore. Die traumhaften Schmuckstücke von **Buccellati** sind in Nr. 71r zu bewundern. Falls Sie angesichts der Preise der beiden Häuser einen Schrecken bekommen, dann finden Sie Ihr Glück viel-

leicht bei Nr. 32r, in einer der beiden Boutiquen von **Cascio** (die zweite liegt an der Ecke Ponte Vecchio/Via di Por Santa Maria 1r): Dort werden sehr kunstfertige, oft täuschend echte Imitationen hergestellt.

Vergessen Sie nicht, sich zwischendurch mit einem Trüffel-Sandwich bei **Procacci**, Nr. 64, zu stärken!

Auch die Straßen um die Via Tornabuoni stehen ganz im Zeichen der Mode, **Valentino** zum Beispiel befindet sich in der Via della Vigna Nuova 47r. Wer auf der Suche nach Stücken von **Emilio Pucci** ist, muss sich dagegen zu dem strengen Palazzo der Familie in der Via dei Pucci 6, nördlich des Doms, aufmachen. **Luisa Via Roma** in der Via Roma 19–21r rühmt sich, immer das Aktuellste der internationalen Modeszene bieten zu können und unterstützt auch junge Modeschöpfer.

In derselben Straße gibt es im

Haus Nr. 25–29r bei **Raspini** nicht nur die erstklassigen Schuhe und Lederwaren aus eigener Fertigung, sondern darüber hinaus eine große Auswahl an Kreationen bekannter Markenhersteller. **Il Bisonte**, Via del Parione 35A/r, ist eine der renommiertesten Adressen der Stadt für Lederwaren. Auch das 1861 gegründete Unternehmen **Bojola** lockt mit Erlesenem aus Leder, insbesondere mit einer sehr sportlichen Kollektion und mit seinen Regenschirmen, mit denen sich das Unternehmen bereits einen Namen gemacht hatte, bevor es sich in Florenz in der Via Rondinelli 25r niederließ.

Ganz in der Nähe werden Liebhaber exquisiten Porzellans Traumhaftes entdecken: **Richard-Ginori**, Via Rondinelli 17r, ging im 19. Jahrhundert aus einer Fusion des mailändischen Hauses Richard und der berühmten florentinischen Manufaktur Ginori hervor.

An Ideen für Mitbringsel und

besondere Geschenke fehlt es wahrlich nicht: ein in Seide eingenähtes duftendes Potpourri aus dem **Antico Setificio Fiorentino** (sie werden auch in der **Officina di Santa Maria Novella**, Via della Scala 16, verkauft), kleine Lederdosen von **Taddei**, Piazza Pitti 6r, oder das herrliche marmorierte Papier – beispielsweise bei **Il Papiro**, Piazza del Duomo (siehe S. 178, 179). Das Haus **Edizioni**, Via della Vigna Nuova 82r, hat sich auf die Herstellung von handgeschöpftem Papier spezialisiert. Auch bei **Pineider**, Piazza della Signoria 13, werden Liebhaber erlesener Schreibutensilien viele Kostbarkeiten entdecken.

Wer ein originelles Geschenk sucht, dem empfehle ich die Fotografien aus den historischen Beständen des Hauses **Alinari**: Boutique und Museum befinden sich im Palazzo Rucellai, Via della Vigna Nuova 46–48r.

LORENZO VILLORESI
Via dei Bardi, 14
Tel.: 0 55/2 34 11 87
Die einstige Wohnung von Lorenzo Villoresi ist inzwischen zum Labor des Parfümeurs geworden. Seine Leidenschaft für die Welt der Düfte wurde von den Parfümeuren in Kairo geweckt. In diesem Reich der himmlischen Essenzen kann man auch einen ganz persönlichen Duft vom Meister kreieren lassen. Stil und Eleganz zeichnen die Präsentation seiner Kreationen aus: die Parfüms werden in luxuriöse Kristallflakons gefüllt und kann von einem Etui aus Leder umhüllt. Die Wirkungsstätte ist so außergewöhnlich wie ihr Gründer selbst (siehe S. 172, 173).

Mosaik und *scagliola*

BIANCO BIANCHI E FIGLI
Viale Europa, 117
Tel.: 0 55/68 61 18
In diesem Atelier restauriert man Kunstobjekte in *scagliola*, der im 17. Jahrhundert in Florenz eingeführten Technik zur Imitation von Einlegearbeiten mit Marmor oder Edelsteinen, auch Stuckmarmor genannt. Doch die Kunsthandwerker beschränkten sich nicht auf die Restauration, sie fertigen auch Reproduktionen alter Motive an oder schaffen völlig neue, je nach Wunsch des Kunden (siehe S. 164, 176).

FIORENZO PACI
Via Santa Monaca, 13
Tel.: 0 55/28 22 40
Hier hat man sich auf die Mosaikkunst in *pietra dura* spezialisiert. Seit dem 16. Jahrhundert ein für Florenz charakteristisches Kunsthandwerk, das auch Florentiner Mosaik genannt wird.

UGOLINI
Lungarno Acciaioli, 66–70r
Tel.: 0 55/29 07 42
Eines der ältesten Geschäfte für *pietra dura* in Florenz mit angeschlossener Werkstätte. Seine exponierte Lage direkt am Arno-Ufer nahe dem Ponte Vecchio hat es zu einer Touristenattraktion werden lassen.

Stoffe

ANTICO SETIFICIO FIORENTINO
Via Bartolini, 4
Tel.: 0 55/21 38 61
Die Pracht der edlen Stoffe wird den Besucher in ihren Bann schlagen. Neben der Manufaktur mit Webstühlen aus dem 18. Jahrhundert lädt ein Ausstellungs- und Verkaufsraum dazu ein, die Schönheit der florentinischen Seidenwaren und ihre historischen Motive zu bewundern. Glücklicherweise rettete Emilio Pucci, dessen Vorfahren zu den Gründervätern der Manufaktur gehörten, das Unternehmen vor dem Bankrott (siehe S. 170, 171).

IN DER UMGEBUNG VON FLORENZ

In einem Umkreis von dreißig bis vierzig Kilometern um Florenz wechseln sich Industrieanlagen und unberührte Natur ab. Städte wie Prato oder Pistoia haben zwar viel von ihrem ursprünglichen Charme eingebüßt, aber locken immer noch mit bedeutenden Baudenkmälern. Dem Dom von Prato, dessen Fresken von Fra Filippo Lippi geschaffen wurden, sollte man in jedem Fall einen Besuch abstatten. Außerdem verfügen beide Städte über hervorragende Restaurants. Auch die Landschaften des Mugello oder der Gegend von Impruneta sowie die Route durch die Colli Alti nach Sesto Fiorentino stehen leider viel zu selten auf dem Reiseprogramm.

Unzählige historische Villen, insbesondere die der Medici, schmücken diese Landstriche. Einige sind für mehr oder weniger umfangreiche Besichtigungen zugänglich: darunter die Parkanlagen der Villa La Ferdinanda in Artimino und der Villa Demidoff in Pratolino mit einer beeindruckenden Skulptur von Giambologna; das Castello di Trebbio in San Piero a Sieve im Mugello ist für Gruppen geöffnet. Und ein Besuch der Abtei von Vallombrosa ist allein schon wegen der wilden Schönheit der Umgebung lohnenswert.

HOTELS

Artimino

HOTEL PAGGERIA MEDICEA
Viale Papa Giovanni XXIII, 3
Tel.: 0 55/8 71 80 81
Fax: 0 55/8 71 80 80
Das Hotel wurde in einem Nebengebäude der Villa La Ferdinanda

eingerichtet, die von Großherzog Ferdinando I. nach Plänen von Buontalenti erbaut wurde und als einer der schönsten Landsitze der Medici gilt.

Prato

VILLA RUCELLAI
Via di Canneto, 16
Tel.: 05 74/46 03 92
Fax: 05 74/46 03 92
Seit über zwei Jahrhunderten ist die Villa im Besitz einer der ältesten florentinischen Familien. Der Terrassengarten ist bezaubernd.

Sesto Fiorentino

VILLA VILLORESI
Via Ciampi, 2
Località Colonnata
Tel.: 0 55/44 32 12
Fax: 0 55/44 20 63
Wer die Atmosphäre und Schönheit einer Renaissance-Villa genießen will, hat hier die richtige Adresse gefunden. Die Villa Villoresi darf sich zudem rühmen die längste Loggia der Toskana zu besitzen. Mehrere Zimmer schmücken wunderschöne Fresken, und das Restaurant hat einen exzellenten Ruf. Die Schwester des florentinischen Parfümeurs Lorenzo Villoresi leitet das Hotel, das sich den Geist eines Familiensitzes bewahren konnte (siehe S. 197).

Vicchio del Mugello

VILLA CAMPESTRI
Via di Campestri, 19/22
Tel.: 0 55/8 49 01 07
Fax: 0 55/84 90 10
Seit dem Mittelalter ist diese Villa im Besitz ein und derselben Familie. Von hier aus kann man die Gegend des Mugello mit ihrer oft noch unberührten Natur erkunden. Die meisten Touristen durchqueren diese Region lediglich auf der Autobahn Florenz–Bologna, ohne die Schönheit ihrer Kastanienwälder auch nur zu erahnen.

GASTHÄUSER

Nur wenige Kilometer außerhalb von Florenz kann man schon das ländliche Leben genießen.

Montefiridolfi

LA FATTORIA LA LOGGIA
Tel.: 0 55/8 24 42 88
Fax: 0 55/8 24 42 83
Das Landgut gehört einem aus Mailand stammenden Liebhaber des Reitsports und der zeitgenössischen Kunst.

Pontassieve

LA TENUTA BOSSI
Tel.: 0 55/8 31 78 30
Fax: 0 55/8 36 40 08
Auf einer ihrer jahrhundertealten Ländereien gestaltete die Familie Gondi mehrere Bauernhöfe zu Gasthäusern um.

RESTAURANTS

Empoli

CUCINA SANT' ANDREA
Via Salvagnoli, 47
Tel.: 05 71/7 36 57
Abgesehen von der schönen Fassade der Kirche Sant' Andrea ist von dem einstigen Reiz der Stadt nicht mehr viel übrig. Aber dieses Restaurant verdient in jedem Fall einen Besuch: In sehr entspannter Atmosphäre werden hier hervorragend zubereitete Gerichte der Region serviert.

Montespertoli

IL FOCOLARE
Via Volterrana Nord, 147
Località Montagnana
Val di Pesa
Tel.: 05 71/67 11 32
Die Straße von Florenz über Montes-

pertoli nach Castelfiorentino geht auf die Etrusker zurück und ist eine der besterhaltenen des Florentiner Umlandes. Ein guter Vorwand, um in dem einfachen, familiären Lokal Halt zu machen, dessen *bistecca* ebenso wie die köstlichen Kuchen von der Accademia Italiana della Cucina hoch gelobt wurden.

Pistoia

LA CUGNA
Via Bolognese, 288
Tel.: 05 73/47 50 00
Dieses Restaurant wurde bereits im 19. Jahrhundert gegründet und steht für Familientradition. Hier kann man einfache, aber sehr leckere Gerichte bekommen. Während der Saison sollten Sie die Steinpilzsuppe, *zuppa ai funghi porcini*, bestellen.

SAN JACOPO
Via C. Crispi, 15
Tel.: 05 73/2 77 86
Exzellente regionale Küche zeichnet das Restaurant in dem ehrwürdigen Palazzo aus.

LA BUSSOLA DA GINO
Località La Catena
Via Vecchia Fiorentina, 35
Tel.: 05 73/74 31 28
In dem freundlichen Lokal stehen während der Jagdsaison ausgezeichnete Wildgerichte auf der Karte, insbesondere das Karree vom Damhirsch in Carmignano-Rotwein.

Piteccio

IL CASTAGNO DI PIER ANGELO
Località Castagno
Tel.: 05 73/4 22 14
Das zehn Kilometer nördlich von Pistoia gelegene Dorf Piteccio muss man erst einmal finden. Etwas weiter westlich gelangt man dann zu diesem Restaurant, in dem Gaumenfreuden wie Taube mit Kräutern angeboten werden.

Prato

VILLA SANTA CRISTINA
Via Poggio Secco, 58
Tel.: 05 74/59 59 51
Im Sommer kann man sein Mittagessen im Freien genießen. Die Villa aus dem 18. Jahrhundert beherbergt außerdem auch ein Hotel.

IL PIRANA
Via Valentini, 110
Tel.: 05 74/2 57 46
Fisch und Meeresfrüchte in fantasievollen Variationen sind die Spezialität des eleganten Restaurants.

TRATTORIA LA FONTANA
Via di Canneto, 1
Tel.: 05 74/2 72 82
Hier herrscht ein schlichteres Ambiente als im Il Pirana, aber die Küche verbindet auf angenehme Weise Traditionelles mit neuen Kreationen, und das Preis-Leistungs-Verhältnis ist bemerkenswert.

San Casciano in Val d'Elsa

LA TENDA ROSSA
Località Cerbaia
Tel.: 0 55/82 61 32
Eine Adresse, die man sich merken sollte. Die Kreativität des Küchenchefs hat sich in der gesamten Toskana herumgesprochen. Die Speisekarte variiert je nach Jahreszeit und weist immer wieder interessante Neuschöpfungen auf, wie das Püree aus Saubohnen mit Olivenöl und Gänseleberscheiben.

Scandicci

BELLA CIAO
Via Volterrana Frazione Giogoli
Tel.: 0 55/74 15 02
In dem familiären, lebhaften Lokal im eher reizlosen Ballungsgebiet von Florenz wird eine florentinische Spezialität serviert, um die Touristen oft einen Bogen machen: Kutteln in allen nur denkbaren Variationen.

MUSEEN

In Sesto Fiorentino gibt das **Museo delle Porcellane di Doccia,** Via Pratese 31, einen detaillierten Überblick über zweihundert Jahre Tischkultur. Das Museum gehört zur Manufaktur Ginori, die von der gleichnamigen florentinischen Familie 1737 in Doccia gegründet und in den 1950er Jahren nach Sesto verlegt wurde. Neben Tafelgeschirr sind auch ein Kamin sowie Kopien von Skulpturen und Bildern aus Porzellan zu bewundern.

TRADITIONELLES KUNSTHANDWERK UND KREATION

Im fünfzehn Kilometer südlich von Florenz gelegenen Impruneta befindet sich das Zentrum der Handwerksstätten, die Terrakotta bearbeiten.

UGO POGGI
Via Imprunetana, 16
Tel.: 0 55/2 01 10 77
Die Werkstätte besitzt und benutzt auch heute noch einen der ältesten Öfen der Stadt; er ist fast fünfhundert Jahre alt. Für die Herstellung der Vasen, Krüge und Töpfe verwenden die Handwerker einen regionalen Ton, der für seine Langlebigkeit gerühmt wird (siehe S. 169).

Die Tradition der florentinischen Keramik wird in Montelupo Fiorentino, auf der Strecke nach Pisa, schon seit der Renaissance gepflegt.

Statten Sie zum Beispiel dem **Consorzio della Ceramica** beim Rathaus oder **Tuscia,** Via Chiantigiana 264, einen Besuch ab. Ende Juni wird dort die Festa Internazionale della Ceramica gefeiert. In dem **Museo Archeologico e della Ceramica** (Tel.: 05 71/5 13 52) ist unter anderem ein Holzofen zu sehen, der noch bis 1998 in Betrieb war.

SIENA

Siena, die unglückliche Rivalin von Florenz, ist eine verschlossene aber faszinierende Stadt: die Wiege von Heiligen, Künstlern … und Bankiers. Obwohl die Renaissance auch in Siena stattgefunden hatte, war doch das Mittelalter für das Stadtbild prägend, ein Wesenszug, der im 19. Jahrhundert durch die erneute Begeisterung für den gotischen Stil noch verstärkt wurde.

Die unterteilte Stadt mit den extremen Höhenunterschieden spiegelt die gesellschaftliche Ordnung Sienas wider – sowohl eine Einheit als auch in kleine *contrade* zersplittert. Diese Untergliederung in Stadtviertel, die sich im Palio als Gegner gegenüberstehen, ist ein vorherrschendes Merkmal der Stadt und im übertragenen Sinn ein Symbol für die Region Toskana.

Siena mit den engen Straßen und prächtigen Plätzen beheimatet unermessliche Kunstschätze, etwa die berühmte Maestà von Duccio im Dom. Die Kirchen und Palazzi stellen für sich genommen schon Meisterwerke dar und das Dommuseum sowie die Pinakothek zählen zu den bedeutsamsten Kunstsammlungen Italiens. Ein Spaziergang durch die weniger bevölkerten Straßen bietet dem Auge unzählige reizvolle Details. Die von ihrem Wesen her an eines der melancholischen Bilder des großen sienesischen Malers Beccafumi erinnernde Stadt wird von einer fiebrigen Energie erfüllt, wenn der Tag des Palio näherrückt. Siena möchte sich nicht als museale Stadt präsentieren, die in ihrer Vergangenheit erstarrte – darin ähneln sich Siena und Florenz.

HOTELS

Siena ist ein beliebtes Reiseziel, weshalb es auch vor den Toren der Stadt mehrere schöne Hotels gibt – die jedoch oftmals nicht gerade als preiswert bezeichnet werden können.

CERTOSA DI MAGGIANO
Strada di Certosa, 82
Tel.: 05 77/28 81 80
Fax: 05 77/28 81 89
Das Hotel verfügt nur über eine begrenzte Anzahl an Zimmern und Suiten. Seine Gäste genießen das Privileg, in einer ehemaligen Kartause aus dem 14. Jahrhundert zu logieren.

HOTEL VILLA SCACCIAPENSIERI
Via di Scacciapensieri, 10
Tel.: 05 77/4 14 41
Fax: 05 77/27 08 54
Außerhalb des Stadtgebietes erhebt sich dieses Hotel in einem weitläufigen, prächtigen Garten und ermöglicht einen schönen Blick auf Siena. In der sehr freundlichen Atmosphäre, an der sich seit zwanzig Jahren nichts geändert zu haben scheint, fühlt sich der Gast wie ein König. Außerdem zählt das Restaurant der Villa zu den besten der Stadt; leider ist es während der Wintermonate geschlossen. Probieren Sie die *stuzzichini* mit gebratenem Salbei (siehe S. 197).

In Siena:

HOTEL SANTA CATERINA
Via Enea Silvio Piccolomini, 7
Tel.: 05 77/22 11 05
Fax: 05 77/27 10 87
Direkt vor der mittelalterlichen Festungsmauer, an der antiken Via Cassia, liegt dieses Hotel mit einem herrlichen Garten, von wo aus man weit über die sienesische Landschaft blicken kann. Man sollte in jedem Fall ein Zimmer mit Fenster zum Garten reservieren. Die Stiche und die alten Bilder tragen ebenso wie die Zuvorkommenheit der Besitzer zum familiären Ambiente des Hauses bei.

HOTEL ANTICA TORRE
Via di Fieravecchia, 7
Tel./Fax: 05 77/22 22 55

Man muss schon frühzeitig reservieren, wenn man eines der acht Zimmer, die über vier Stockwerke verteilt sind, ergattern will. Der Turm aus dem 16. Jahrhundert befindet sich im Viertel der Porta Romana, jedoch im Inneren des Festungswalles.

RESTAURANTS

OSTERIA LE LOGGE
Via del Porrione, 33
Das Restaurant in einem ehemaligen Kolonialwarengeschäft wurde von der Accademia Italiana della Cucina ausgezeichnet und verwöhnt seine Gäste mit vielen typischen Gerichten des Sieneser Landes.

DA MUGOLONE
Via dei Pellegrini, 8
Tel.: 05 77/28 32 35
Ein exzellentes traditionelles Restaurant, in dem auch die Preise angenehm überraschen.

LA VECCHIA TAVERNA DI BACCO
Via Beccheria, 9–11
Tel.: 05 77/4 93 31
Nicht weit entfernt vom Geburtshaus der heiligen Katharina trifft man in diesem Restaurant im Gegensatz zu den vorhergehenden nur auf wenige Touristen. In einem unprätentiösen Rahmen genießt man die Hausmannskost ebenso wie den zuvorkommenden Service.

ANTICA OSTERIA »DA DIVO«
Via Franciosa, 29
Tel.: 05 77/28 43 81
Nahe dem Dom und doch abseits der Touristenpfade liegt das frisch renovierte Gebäude in einer für die Sieneser Altstadt typischen Straße. Das Restaurant besteht aus einer Folge von unterirdischen Sälen, von denen die ältesten noch von den Etruskern in den Tuffstein gehauen wurden. Ein sehr reizvoller Rahmen, um die immer köstlichen Speisen zu genießen.

TRATTORIA TULLIO AI TRE CRISTI
(Antica Trattoria della Giraffa)
Vicolo di Provenzano, 1
Tel.: 05 77/28 06 08
Ein beliebtes Restaurant der Einheimischen. Schon seit 1830 besteht dieses Lokal hinter der Kirche Santa Maria di Provenzano im Herzen eines bis heute sehr volkstümlichen Viertels.

Vor den Toren von Siena

Abgesehen von dem exzellenten Restaurant des Hotels Villa Scacciapensieri kommen Genießer auch bei den folgenden Adressen auf ihre Kosten:

ANTICA TRATTORIA BOTTEGANOVA
Strada Chiantigiana di Montevarchi, 29
Tel.: 05 77/28 42 30
Die jeweilige Saison und das Angebot auf dem morgendlichen Markt bestimmen die Speisekarte, die der regionalen Küche huldigt.

TRATTORIA FÒRI PORTA
Via C.Tolomei, 1
Località Valli
Tel.: 05 77/22 21 00
Nicht weit vom historischen Stadtkern entfernt, doch schon jenseits der Porta Romana, ist dieses Restaurant vor allem bei Einheimischen bekannt. Hier unternahm ich eine kulinarische Reise durch die Sieneser Spezialitäten. Ein Gedicht sind die *pici al dragoncello* – frische Pasta, mit Käse gefüllt und mit einer Estragon-Soße serviert.

FÜR GOURMETS

NANNINI
Via Banchi di Sopra, 95
Wer auf der Suche nach dem leckeren *panforte* von Siena ist, einer Delikatesse aus Mehl, kandierten Früchten, Mandeln und Gewürzen, sollte sich diese Adresse an der Piazza Salimbeni merken.

Das *panforte* kann in Bräune und Süße variieren. Das *panpepato*, die traditionelle sienesische Variante mit Zimt, wird in einer versiegelten Papierverpackung präsentiert. Das Nannini hat noch eine Filiale, aber sie kann nicht mit dem altmodischen Charme dieses Geschäftes mithalten.

NUOVA PASTICCERIA
Via Duprè, 37
Weniger bekannt, aber dafür vielleicht authentischer als die vorhergehende Konditorei, lockt dieses Geschäft mit *ricciarelli* – einer Art sehr zarter Mandelmakronen.

PIZZICHERIA DE MICCOLI
Via di Città, 95
In einer der schönsten Straßen von Siena liegt der altmodische Feinkostladen, in dem Auge und Gaumen gleichermaßen auf ihre Kosten kommen. Eine besondere Spezialität sind die Wildschweinprodukte.

VINAIO IL GRATTACIELO
Via dei Pontani, 8
Diese Weinbar am Ende einer kleinen, dunklen Passage nennt sich »Wolkenkratzer«. Hier kehrt man auf eine typische *mescita* ein – ein Glas Wein, zu dem geröstetes und unterschiedlich belegtes Weißbrot gereicht wird.

DAS SIENESER LAND

Von Siena aus kann man zu Erkundungen in die unterschiedlichsten Landschaften aufbrechen. Richtung Florenz und Arezzo breitet sich das hügelige Chianti-Gebiet mit seinen Weinbergen aus. Im Süden erstrecken sich die Crete Senesi bis nach Pienza, die Val d'Orcia und der Monte Amiata. In westlicher Richtung sind die Hügelketten der Montagnola sowie die Val d'Elsa gelegen. In diesem Teil der Toskana, der über keine Autobahnen verfügt, entdeckt

man wieder den Genuss des langsamen Reisens: Die Straßen winden sich durch die Landschaft und man wird den Reiz der *strade bianche*, der nichtasphaltierten Nebenstraßen, kennen lernen. Es sind weniger die Baudenkmäler als vielmehr der intakte Charme der kleinen Städte und Dörfer, der trotz der massiven Landflucht dank Weinbau, Olivenanbau und des *agriturismo* erhalten werden konnte.

Das üppige Chianti ist eine der beliebtesten Regionen Europas, und seine alten Bauernhäuser sind Gold wert, ob man sie nun vermietet oder verkauft. Mancherorts hört man sogar öfter Deutsch oder Englisch als Italienisch.

Es ist absehbar, dass die weiter südlich gelegene, ärmere Val d'Orcia bald ein ebenso begehrtes Ziel wird. Es gibt auch noch kaum bekannte Kleinodien wie das winzige Dörfchen Mensano südlich von Casole d'Elsa, in dem eine tausendjährige Kirche steht und um das sich, so weit das Auge reicht, herrliche Landschaften erstrecken.

Man kann Städte wie Colle Val d'Elsa entdecken, das fast immer zugunsten von San Gimignano, wo sich am Wochenende und im Sommer die Reisebusse drängen, links liegen gelassen wird.

Ihr schönstes Gewand trägt diese Gegend im Herbst, wenn sich die Blätter in den Weinbergen und den Eichenwäldern verfärben. Der Besucher wird sich nur schwer entscheiden können, wo er als nächstes Halt machen soll. Es bieten sich unzählige schöne Quartiere.

HOTELS

Castellina in Chianti

PALAZZO SQUARCIALUPI
Via Ferruccio, 26
Tel.: 05 77/74 11 86
Fax: 05 77/74 03 86

Das Hotel wurde erst kürzlich in einem Palazzo des 15. Jahrhunderts eingerichtet, der im Kern des mittelalterlichen Dorfes liegt. Das Erdgeschoss sowie die Untergeschosse dienen heute wie einst zur Lagerung des Chianti Classico La Castellina.

Colle di Val d'Elsa

RELAIS DELLA ROVERE
Località Badia, Colle di Val d'Elsa
Tel.: 05 77/92 46 96
Diese stilvolle Unterkunft konte in den prachtvollen Räumlichkeiten der Villa des Kardinals Giuliano della Rovere, dem späteren Papst Julius II., eingerichtet werden. Das schöne Gebäude thront über einem kleinen Weiler und wurde wunderbar restauriert.

ALBERGO LA VECCHIA CARTIERA
Via Oberdan 5–7–9
Tel.: 05 77/5 30 34
Eine gelungene Umgestaltung einer ehemaligen Papierfabrik aus dem 18. Jahrhundert. Das Restaurant ist äußerst empfehlenswert.

Monteriggioni

HOTEL MONTERIGGIONI
53035 – Monteriggioni (Siena)
Tel.: 05 77/30 50 09
Fax: 05 77/30 50 11
Auch für dieses Hotel in der einstigen Verteidigungsfestung von Siena wurde eine ehemalige Fabrik umgebaut. Die geschmackvolle Einrichtung, der Garten entlang der Festungsmauer sowie die herzliche Atmosphäre zeichnen es besonders aus.

CASTEL PIETRAIO
Strada di Strove, 33
Località Castel Pietraio
53035 – Monteriggioni
Tel.: 05 77/30 10 38
Fax: 05 77/1 22 13 76
Im Zentrum eines Gebäudekomplexes erhebt sich das Schloss, das im 13. Jahrhundert dem Ehemann der von Dante besungenen Sapia Salvani gehörte. Im 18. Jahrhundert zum Lustschloss umgebaut, wurde es kürzlich renoviert und ein Teil der Nebengebäude in Ferienwohnungen umgewandelt, die wochenweise zu mieten sind. Von Castel Pietraio sind es weniger als vier Kilometer nach Monterigioni und auf dem Weg kann die schöne mittelalterliche Abtei von Badia Isola besichtigt werden, vor Siena die letzte Etappe der Pilger, die über die Via Francigena kamen.

DER PALIO VON SIENA

Es gibt kein bekannteres italienisches Fest als den Palio von Siena. Es hat seinen Ursprung im Mittelalter, als sich die in einzelne, klar umrissene Gemeinden unterteilte Struktur der Stadt herauskristallisierte. Jede dieser *contrade* verfügt über eigene Embleme sowie eine eigene Hierarchie und wählt einen mit bestimmten Machtbefugnissen ausgestatteten *capitano*. Von einst 59 *contrade* bestehen heute nur noch 17. Das jeder *contrada* eigene Symbol steht für eine Tugend, der Panter beispielsweise für Mut. Außerdem hat jede Gemeinschaft ihr eigenes Haus, ihre Kapelle und ihren Brunnen. Besonders in den weniger touristischen Stadtteilen stechen dem aufmerksamen Betrachter auf Schritt und Tritt die Embleme der jeweiligen *contrada* ins Auge, ein eindeutiger Beleg dafür, dass diese traditionelle Ordnung noch sehr lebendig ist. Ein Sieneser, der in den Vereinigten Staaten studiert hat, wird seine Heimat doch immer in der *contrada* sehen, in die er durch seine Familie hineingeboren wurde, egal in welchem Stadt- oder Erdteil er selbst lebt.

Von Verbundenheit über Gleichgültigkeit bis hin zu Feindschaft bestimmen die unterschiedlichsten Gefühle das Verhältnis der einzelnen *contrade* zueinander. Die kleine Anekdote von den Jugendlichen verfeindeter *contrade*, die ihre Prügelei unterbrachen, damit einer von ihnen seine Verlobte treffen konnte, um im Anschluss den Faustkampf wieder aufzunehmen, beschreibt wie kompliziert sich diese Beziehungen gestalten. Zweimal im Jahr, am 2. Juli und am 16. August, entladen sich diese Gefühle im Palio. Während das Pferderennen um die Piazza del Campo selbst nur wenige Minuten dauert, gehen dem großen Ereignis tagelange Vorbereitungen voraus.

Zwei Tage vorher werden den zehn zum Wettkampf auserwählten *contrade* per Los die Pferde zugeteilt. Dann wird – nicht selten von außerhalb der Stadt – ein Jockey, *fantino*, engagiert. Pferd und Reiter werden zum Schutz vor Hinterlistigkeiten der Gegner an einen sicheren Ort gebracht und am Morgen des Palio in der Kapelle der *contrada* gesegnet. Ein Umzug in historischen Kostümen eröffnet den Palio, jede *contrada* marschiert mit Trommlern hinter dem Träger des Banners ein, dem *alfiero*, der das kunstvolle Schwingen der Fahne fleißig geübt hat. Auch die nicht mehr existierenden *contrade* sind weiterhin vertreten, mit trauernden Reitern auf schwarzen Pferden. Den Schluss bildet ein riesiger Prunkwagen. Das Rennen selbst besteht aus drei Runden um den Campo; trotz des aufgeschütteten Sandes machen es die Neigung und die kniffligen scharfen Kurven zu einem schwierigen Unterfangen. Außerdem teilen die *fantini* untereinander sogar Schläge aus, um sich an die Spitze zu setzen. Übrigens kann selbst ein Pferd, das seinen Reiter verloren hat, noch das Rennen gewinnen. Die siegreiche *contrada* erringt den Palio – ein Banner mit dem Bildnis der Jungfrau Maria, das für den jeweiligen Wettkampf angefertigt wird – und bewahrt diese Trophäe in dem Museum der Gemeinschaft auf (siehe S. 162). Die anschließenden Festbankette in den Straßen der Stadt dauern bis tief in die Nacht, und nur sehr gelegentlich mischt sich etwas Enttäuschung unter die ausgelassene Stimmung.

Pienza

HOTEL RELAIS IL CHIOSTRO DI PIENZA
Corso Rossellino, 26
Tel.: 05 78/74 84 00
Fax: 05 78/74 84 40
Das ehemalige Franziskanerkloster aus dem 15. Jahrhundert beherbergt noch nicht lange das Hotel, das ein idealer Ausgangspunkt für Ausflüge in die südliche Toskana ist. Die Zimmer lehnen sich an die klösterliche Vergangenheit an und führen entweder auf einen beschaulichen Kreuzgang oder auf die bezaubernde Landschaft der Val d'Orcia. Im Sommer kann man das Schwimmbecken und die Restaurantterrasse genießen.

L'OLMO
53020 – Monticchiello
Tel.: 05 78/75 51 33
Fax: 05 78/75 51 24

Hier in der Nähe des winzigen Dorfes Monticchiello wird gezeigt, wie gelungen die Umwandlung alter Bauernhöfe in Landgasthöfe vollzogen werden kann, sodass sie auch weiterhin bewohnt werden können. Das Hotel besteht nur aus einer kleinen Anzahl an Appartements und Zimmern, die mit Stilempfinden in den schön restaurierten Gebäuden aus dem 17. Jahrhundert eingerichtet wurden. Wer eine gewisse Eleganz in ländlicher Umgebung sucht, ist hier an der richtigen Adresse.

Pievescola di Casole d'Elsa

RELAIS LA SUVERA
Tel.: 05 77/96 03 00
Fax: 05 77/96 02 20
Die Villa aus dem 16. Jahrhundert, deren ehemaliger Besitzer Luchino Visconti war, besticht durch ihre hübschen Loggien. In den malerischen Nebengebäuden wurden die Zimmer eingerichtet, während die fürstlichen Suiten in der Villa selbst liegen.

Poggibonsi

VILLA SAN LUCCHESE
Via San Lucchese, 5
Tel.: 05 77/93 42 31
Fax: 05 77/93 47 29
Zwischen Siena und Florenz, nahe San Gimignano, dominiert diese Renaissance-Villa die Val d'Elsa.

San Casciano dei Bagni

SETTE QUERCE
Tel.: 05 78/5 81 74
Fax: 05 78/5 80 41
Der Ort, in dem das Hotel steht, war schon in der Antike für seine Thermalquellen bekannt. Das Dorf hat sich seine Ursprünglichkeit bewahrt und ist zum Treffpunkt von Künstlern geworden. Die Zimmer oder besser gesagt die Suiten des kürzlich eröffneten Hotels wurden in frischen, lebhaften Farben gestrichen – ein Anblick, der dem sympathischen Service des Hauses entspricht.

San Gimignano

LA CISTERNA
Piazza della Cisterna, 24
Tel.: 05 77/94 03 28
Fax: 05 77/94 20·80
An der Piazza della Cisterna befindet man sich im Herzen von San Gimignano. Überflüssig zu erwähnen, dass man die Hochsaison sowie die Wochenenden meiden sollte. Das Hotel ist nicht mehr aus San Gimignano wegzudenken, und das dazugehörige Restaurant La Terrazza bietet ein herrliches Panorama.

L'ANTICO POZZO
Via San Matteo, 87
Tel.: 05 77/94 20 14
Fax: 05 77/94 21 17
Ein sehr geschmackvolles Hotel in einem Palazzo des 15. Jahrhunderts.

HOTEL PESCILLE
Località Pescille
Tel.: 05 77/94 01 86
Fax: 05 77/94 31 65
Das Landhotel liegt außerhalb von San Gimignano. Von hier aus hat man einen fantastischen Blick auf die Geschlechtertürme der mittelalterlichen Stadt.

VILLA SAN PAOLO
Tel.: 05 77/95 51 00
Fax: 05 77/95 51 13
Die alte Villa auf der Strecke von San Gimignano nach Certaldo verfügt über einen zauberhaften Park, der ebenfalls schöne Ausblicke auf die Landschaft sowie die Stadt bietet.

San Giovanni d'Asso

LUCIGNANELLO BANDINI
Località Lucignano d'Asso
Tel.: 05 77/80 30 68
Fax: 05 77/80 30 82
Lucignano d'Asso ist ein kleines mittelalterliches Schmuckstück in der Crete Senesi, nicht weit entfernt von der berühmten Abtei Monte Oliveto Maggiore. Die Hotelanlage mit meh-

reren einzeln stehenden Häusern liegt in einem Dorf, das trotz Landflucht und Tourismus seine landwirtschaftliche Bestimmung nicht verloren hat.

San Quirico d'Orcia

CASTELLO DI RIPA D'ORCIA
53023 – San Quirico d'Orcia
Tel.: 05 77/89 73 76
Fax: 05 77/89 80 38
Über eine Schotterstraße erreicht man von San Quirico d'Orcia den Weiler Ripa d'Orcia, der von einem viereckigen Bergfried überragt wird. Das Castello inmitten unberührter Natur wurde umgebaut, um für Besucher auf der Durchreise Zimmer und Appartements zu schaffen. Ein ideales Quartier für Ausflüge in den Süden der Toskana.

Sinalunga

LOCANDA DELL'AMOROSA
Località L'Amorosa
Tel.: 05 77/67 94 97
Fax: 05 77/63 20 01
Eine sehr bekannte Adresse im Chianti, nicht weit von Siena. Die ältesten Gebäude des Anwesens stammen aus dem 14. Jahrhundert. Vor etwa dreißig Jahren entstand das heutige Hotel. Der Herrensitz selbst beherbergt die Zimmer, während das Restaurant in den ehemaligen Ställen liegt. Auch der Weinkeller ist sehenswert, zum einen aufgrund seiner Schönheit, zum anderen aufgrund seines Inhaltes.

GASTHÄUSER

Der agriturismo spielt in dieser Gegend eine vorherrschende Rolle. Der Gast hat die Qual der Wahl: vom Appartement bis zum ehemaligen Bauernhof, mit oder ohne Schwimmbad …
Beim Touristikbüro in Siena, Piazza del Duomo (Tel.: 05 77/ 24 12 68, Fax: 05 77/24 12 51), kann

man eine Liste der Unterkünfte anfordern. Hier einige ausgewählte Adressen:

LILLIANO
bei Castellina in Chianti
Tel.: 05 77/74 30 70
Fax: 05 77/74 30 36
Giulio Ruspoli hat mehrere Bauernhöfe seines weitläufigen Weingutes behutsam umgestaltet und daraus Urlaubsdomizile gemacht. Ein idealer Ort für Menschen, die Ruhe suchen (siehe S. 198).

CASTELLO DI VOLPAIA
in Radda in Chianti
Tel.: 05 77/73 80 66
Fax: 05 77/73 86 19
Die Familie Stianti Mascheroni hat mehrere Häuser des kleinen Dorfes zu ansprechenden Unterkünften ausgestaltet. Sehr gastfreundliches Ambiente.

PODERE COLLELUNGO
nur wenige Minuten von Castellina in Chianti entfernt
Tel./Fax: 05 77/74 04 89
Die Besitzer haben das Anwesen geschmackvoll restauriert und gestaltet.

VIGNAMAGGIO
bei Greve in Chianti
Tel.: 0 55/85 46 61
Fax: 0 55/8 54 44 68
Ein Anwesen mit einer schönen Renaissance-Villa.

CASTELLO DI MONTALTO
nahe Castelnuovo Berardenga
Tel.: 05 77/35 56 75
Fax: 05 77/35 56 82
Die Nebengebäude sowie ein Bauernhof wurden zu Gasthäusern umgestaltet. Und auch in dem Schloss selbst kann eine Wohnung gemietet werden.

COSONA
Nordwestlich von Pienza hat man hier einen wunderbaren Blick über die Crete Senesi und Montalcino. Das Schloss selbst gehört immer noch der Familie des Kardinals Bichi.

AZIENDA PICCOLOMINI BANDINI
in Lucignanello Bandini bei
San Giovanni d'Asso
Tel.: 05 77/82 30 68
Fax: 05 77/82 30 82
In dem kleinen Dorf, das für seine Trüffeln berühmt ist, wurden fünf Häuser zu hübschen Unterkünften ausgestaltet.

RESTAURANTS

Casole d'Elsa

OSTERIA DEL CAFFÈ CASOLANI
Via Casolani, 39/41
Tel.: 05 77/94 87 33
Angenehmes Restaurant im Ortskern. Allein wegen des schönen Panoramablickes sollte man einen Abstecher machen, denn man kann bis zu den Hügeln der Maremma sehen.

Castellina in Chianti

ANTICA TRATTORIA LA TORRE
Piazza del Comune
Tel.: 05 77/74 02 36
Am Rathausplatz liegt dieses Restaurant, das bei Sienesen und Wahltoskanern gleichermaßen beliebt ist. Schon mehrfach ausgezeichnet, ist es bekannt für die regionalen Varianten der toskanischen Küche.

Castiglione d'Orcia

CANTINA IL BORGO
Rocca d'Orcia
53023 – Castiglione d'Orcia
Tel./Fax: 05 77/88 72 80
Der Platz, an dem das Restaurant liegt, würde sehr streng wirken, wenn nicht ein reizender Brunnen aus dem 12. Jahrhundert das Bild auflockerte. Wer nach dem Genuss der exzellent zubereiteten Gerichte der Region und der erlesenen Weine gerne bleiben möchte, kann sich eines der drei preiswerten Gästezimmer mieten.

Cetona

LA FRATERIA
Convento San Francesco
Tel.: 05 78/23 80 15
Fax: 05 78/23 92 20
Dieses einmalige Lokal geht auf die Initiative des Franziskanerpaters Eligio zurück. Er und eine Gemeinschaft, die sich um Jugendliche in schwierigen Verhältnissen kümmert, haben das Kloster restauriert und bewirtschaften heute das Anwesen. Der Garten ist ebenso wie das Restaurant bezaubernd, und die Küche verarbeitet vorwiegend die selbst angebauten Produkte. Auch einige sehr geschmackvolle Gästezimmer stehen zur Verfügung.

Chiusdino-Frosini

CASTEL DEI FROSINI
Tel.: 05 77/75 10 47
In den schönen alten Sälen werden exzellente Gaumenfreuden serviert, wie die *insalata alla ghibellina* mit Trüffeln.

Colle di Val d'Elsa

ARNOLFO
Via Francesco Campana, 8
Tel.: 05 77/92 20 20
Für viele eines der besten Restaurants der Provinz Siena. Es zeichnet sich durch ein elegantes Ambiente und eine raffinierte Küche aus. Wie im Castel dei Frosini wird hier bewiesen, dass Traditionsbewusstsein Kreativität nicht ausschließt. Wenn das Gericht bei Ihrem Besuch auf der Karte steht, sollten Sie unbedingt Kaninchen mit Feigen bestellen, serviert auf einem Kartoffelbett mit Balsamessig.

ANTICA TRATTORIA
Piazza Arnolfo, 23
Tel.: 05 77/92 37 47
Die Küche in diesem geschichtsträchtigen Rahmen verbindet Tradition mit Innovation. Das Ergebnis sind Gaumenfreuden wie das Perlhuhn mit einer Farce aus Steinpilzen und Trüffeln.

LA VECCHIA CARTIERA
Via Oberdan 5–7–9
Tel.: 05 77/92 41 16

EIN BESUCH DER VILLEN

Die toskanische Lebenskunst kommt gewiss in den herrlichen historischen Villen am besten zum Ausdruck. Oft sind sie zumindest teilweise zu besichtigen. Aber der Weg dorthin ist nicht immer einfach, wenn man sich auf den Nebenstraßen nicht besonders gut auskennt. In jedem Falle, ob es sich um Villen in privatem oder staatlichem Besitz handelt, sollte man sich vorab telefonisch über die je nach Jahreszeit variierenden Öffnungszeiten informieren.

In der kleinen Stadt Castello, direkt vor Florenz, liegen zwei Medici-Villen: Die **Villa La Petraia** (siehe S. 92, 122–125), heute ein staatliches Museum, dessen Interieur und Gärten zugänglich sind, und die **Villa di Castello** (siehe S. 125), von der ausschließlich die Gartenanlagen zu besichtigen sind (Informationen in La Petraia, Tel.: 0 55/45 12 08).

Für die **Villa Careggi**, im Norden von Florenz, ließ Lorenzo il Magnifico ein mittelalterliches Schloss umbauen. Sie ist täglich außer sonntags von außen zu besichtigen (Viale Pieraccini 21, Tel.: 0 55/4 27 97 55). In der Parkanlage der **Villa Demidoff** in Pratolino ist von der ursprünglichen Anlage der Zeit Ferdinandos I. nur ein herrlicher, inzwischen romantischer Garten erhalten sowie die wunderschöne Skulptur *Apennin* von Giambologna. Von November bis Februar ist das Anwesen geschlossen (Tel.: 0 55/2 76 05 38).

Auf dem Weg nach Pistoia stößt man auf **Poggio a Caiano**, ein Meisterwerk von Giuliano da Sangallo aus dem Jahre 1479, dessen Interieur und Gärten fast täglich zu bewundern sind (Tel.: 0 55/87 70 12), sowie auf **La Ferdinanda** in Artimino, 1594 von Buontalenti erbaut, heute mit Festsälen, Hotel und Restaurant.

In Settignano sollte man nicht versäumen, den Garten einer historischen Villa zu besuchen, die den Medici niemals gehörte: **La Gamberaia**, Via del Rossellino 72 (Tel.: 0 55/69 72 05).

In der Umgebung von Lucca sind ebenfalls mehrere schöne Landsitze gelegen:

Die **Villa Reale di Marlia** war der Landsitz von Napoleons Schwester Elisa. Sie besticht durch ihren zauberhaften Garten (Führungen im Park, Tel.: 05 83/3 01 08). Die **Villa Mansi** in Segromigno (Tel.: 05 83/9 02 34) und die **Villa Torrigiani** (siehe S. 62, 80–83) in Camigliano (Führungen im Garten und in den Gemächern von März bis November, Tel.: 05 83/92 80 08) sind vergleichbare Wunderwerke fantasievoller Ausgewogenheit. Abschließend lege ich Ihnen noch den Besuch der reizvollen Parkanlage der **Villa Garzoni** in Collodi nahe, dem Geburtsort des Vaters von Pinocchio (Tel.: 05 72/42 91 16).

Das Hotelrestaurant befindet sich in den Räumen einer alten Papierfabrik. Es ist preiswerter als die Antica Trattoria und hat sich ganz den regionalen Spezialitäten verschrieben.

SAPIA TEA ROOM
Via del Castello, 14A
In der schönsten Straße von Colle
Alta stehen auf der Speisekarte des
kleinen, freundlichen Lokals einige
leckere toskanische Gerichte.

Montalcino

POGGIO ANTICO
Località Poggio Antico
Tel.: 05 77/84 92 00
Die reichhaltige Küche der Gegend
und den berühmten Brunello di
Montalcino kann man in diesem
allgemein beliebten Restaurant
einige Kilometer außerhalb von
Montalcino genießen.

Montepulciano

LA GROTTA
Località San Biagio
Tel.: 05 78/75 74 79
Das Restaurant gegenüber der Kirche
San Biagio gehört aufgrund seiner
Räumlichkeiten zu meinen Favoriten
in der Toskana. Mit den traditionellen
toskanischen Gerichten und den erlesenen Weinen lässt man sich in den
schönen Sälen aus dem 16. Jahrhundert oder im Sommer im Innengarten
verwöhnen.

CAFFÈ POLIZIANO
Via del Voltaia nel Corso, 27–29
Tel.: 05 78/75 86 15
Das interessante Jugendstildekor dieses Gebäudes von 1868 wurde 1992
restauriert. Das Caffè rühmt sich,
schon Pirandello, Malaparte und Fel-
lini bewirtet zu haben und bietet eine
herrliche Aussicht über die Val di
Chiana. Leichte, aber feine Mittags-
karte, nachmittags Café mit leckeren
Schokoladen-Variationen, abends ein
klassisches Restaurant.

Monteriggioni

IL POZZO
Piazza Roma, 2
Tel.: 05 77/30 41 27

DIE EDELSTEN WEINE DER TOSKANA

Wir beginnen unsere Route im Anbaugebiet des Chianti Classico mit dem Weingut der Antinori, die seit den 1970er Jahren mit Weinen wie dem Tignanello an ihr einstiges Renommee anknüpfen (**Palazzo Antinori**, Piazza degli Antinori 3, Florenz, Tel.: 0 55/2 35 95; keine Weinproben auf dem Gut selbst).

Unser Weg führt uns weiter nach Barberino Val d'Elsa, wo zwei schöne Weingüter nach Vereinbarung zu einer Weinprobe besucht werden können: Bei Paolo De Marchi in Isole, **Isole e Olena** (Tel.: 0 55/8 07 27 63), darf man nicht nur Chianti Classico, sondern auch Kreationen mit dem Label Cabernet De Marchi Collezione kosten; das **Castello di Monsanto** der Familie Bianchi (Tel.: 0 55/8 05 90 00) wartet mit dem erlesenen Poggio di Monsanto Riserva auf.

Richtung Siena, in der Nähe von Monteriggioni, machen wir Halt in der **Tenuta di Lilliano** von Giulio Ruspoli, um unter anderem seinen Anagallis zu genießen (Tel.: 05 77/74 30 70).

Verlässt man Siena Richtung Nordosten, ist der Besuch der **Villa di Geggiano** (siehe S. 129–135), deren Interieur seit Stendhals Zeiten unverändert ist, ein Muss, denn die Azienda Agraria Bianchi Bandinelli produziert in begrenzter Menge einen exzellenten Chianti Classico. Danach

kann man den Weg zum **Castello di Brolio** (siehe S. 112–115) fortsetzen, dem Familiensitz der Ricasoli. Hier legte der »Eiserne Baron« im 19. Jahrhundert eine über hundert Jahre gültige Rezeptur für den Chianti Classico fest. Nach einer Phase der Stagnation gelangten die Weine von Brolio unter beachtlichen Anstrengungen wieder in die oberste Kategorie, insbesondere der Casalferro, ein sortenreiner Sangiovese-Wein.

Weiter geht es zum **Castello di Ama** (Tel.: 05 77/75 60 31) in der Gemeinde Gaiole in Chianti mit dem fantastischen Vigna L'Apparita. Bevor wir das Chianti verlassen, schauen wir noch bei Roberto Stucchi Prinetti und Lorenza de' Medici auf dem bezaubernden Anwesen **Badia a Coltibuono** (Tel.: 05 77/74 94 98) vorbei, das erst kürzlich die modernsten Weinkeller der Region einrichtete (siehe S. 116–117, 191).

Ein außergewöhnliches Klima und eine einzige Varietät der Sangiovese-Traube verleihen dem Brunello di Montalcino sein unvergleichliches Aroma. Für eine Kostprobe statten wir der **Tenuta Biondi-Santi** (Tel.: 05 77/84 80 87) einen Besuch ab, der man die »Erfindung« dieses edlen Weines zuspricht, oder auch der neueren **Azienda Agricola San Filippo-Fanti** in Castelnuovo dell'Abate (Tel.: 05 77/83 56 28).

Ebenso wie der Brunello muss der

berühmte Vino Nobile di Montepulciano mehrere Jahre altern, bevor er auf den Markt kommt. Nach Jahrzehnten des Qualitätsverlustes ist er jetzt wieder ein exquisiter Genuss. Davon kann man sich beispielsweise bei einem Besuch der **Azienda Avignonesi** in Montepulciano (Tel.: 05 78/75 78 72) überzeugen, in der außerdem auch ein exzellenter Vin Santo hergestellt wird – ein süßer Dessertwein, zu dem man Mandelgebäck reicht.

Eine Sonderstellung muss der erfolgreichsten Neuschöpfung der vergangenen Jahrzehnte eingeräumt werden, dem Sassicaia der **Tenuta San Guido** in Bolgheri. Dieser wurde dank Mario Incisa della Rocchetta und seines Sohnes Nicolò, der 1985 die Nachfolge übernahm, zu einem weltweit anerkannten Spitzenwein. Das Weingut liegt in der Maremma, südlich von Livorno (Tel.: 05 65/76 20 03).

Unsere kleine Rundreise begann bei den berühmten Antinori, also werden wir sie mit einem weiteren illustren Namen beenden, nämlich dem der Familie **Frescobaldi**, die ihre Ländereien im sogenannten Chianti Rufina östlich von Florenz besitzen. Kosten sie den edlen Montesodi oder eine der neueren Kreationen wie den Luce (Via Santo Spirito 11, Florenz, Tel.: 0 55/2 71 41).

Monteriggioni

An der hübschen Piazza mit dem Brunnen lockt das Il Pozzo mit einer erstklassigen toskanischen Küche zu vernünftigen Preisen; ein Tipp ist die *zuppa ai fagioli* – eine Bohnensuppe.

Die freundliche Stimmung passt zu einem ländlichen Lokal, die ideale kulinarische Ergänzung zu dem netten Hotel Monteriggioni, das über kein Restaurant verfügt.

Pienza

LA BUCA DELLE FATE
Corso Rossellino, 38A
Tel.: 05 78/74 84 48

Das Restaurant liegt in der Hauptstraße von Pienza, die den Namen des bedeutenden Architekten Bernardo Rossellino trägt, der Pienza im 16. Jahrhundert völlig neu gestaltete. Angenehme regionale Küche.

IL PRATO

Viale Santa Caterina, 1–3
Tel.: 05 78/74 99 24
Etwas außerhalb des Stadtkerns von Pienza, aber dafür in einem beeindruckenden Gewölbesaal, der eine großzügige Anordnung der Tische ermöglicht, gibt es sehr gut zubereitete Spezialitäten und eine erlesene Weinauswahl.

SPERONE NUDO

Via Marconi, 3
Tel.: 05 78/74 86 41
Wer eine einfache, bodenständige Küche liebt, dem empfehle ich dieses sympathische, sehr familiäre Lokal, das urtümlicher ist als die traditionellen Restaurants: eine Suppe, eine Platte mit Aufschnitt vom Schwein oder Wildschwein und dem Schafskäse, *pecorino*, eine Spezialität in Pienza, und abschließend ein Stück Nusskuchen.

San Casciano dei Bagni

DANIELA

Tel.: 05 78/5 80 41
Die sympathische Familie, die das Hotel Sette Querce eröffnete, betreibt auch dieses Restaurant in den schönen Gewölbesälen. Ich habe dort gemeinsam mit Joseph Kosuth in *gnocchi* mit Trüffeln geschwelgt.

San Gimignano

BEL SOGGIORNO

Tel.: 05 77/94 03 75
Direkt an der Porta San Giovanni befindet sich dieses zu dem gleichnamigen Hotel gehörende Restaurant – vermutlich das beste der Stadt. Lecker ist im Winter die *zuppa del Granduca*.

Santangelo in Colle

LA FORTEZZA DEL BRUNELLO

Costa Castellare, 1–3
Tel.: 05 77/84 41 75 od. 84 40 12
In dem kleinen geschmackvollen Restaurant mit dem guten Weinkeller tischt der Küchenchef sehr köstliche, raffinierte Speisen auf, insbesondere während der Jagdsaison. Dort habe ich zum ersten Mal *lardo di colonnato* gegessen; der ganz weiße Speck ist eine kalorische Sünde wert.

MUSEEN

Das **Museo Diocesano**, Via Ricasoli, 13 (Tel.: 05 77/84 60 14), in Pienza sollte man nicht versäumen. Es befindet sich in dem Palazzo eines der Kardinäle von Papst Pius II. und zeigt kostbare sienesische Gemälde und Skulpturen. Das Schmuckstück der Sammlung ist ein außergewöhnlicher Chorrock, der der Legende nach aus dem Orient stammt, in Wahrheit jedoch ein Meisterwerk englischer Stickerei aus dem 13. Jahrhundert ist, das in den Inventaren der Päpste in Avignon verzeichnet ist.

In Montalcino ist das Museum in einem ehemaligen Kloster ebenfalls sehr sehenswert. Alle Werke stammen aus den Kirchen der kleinen Stadt und vermitteln einen sehr guten Eindruck von der engen Verbindung von Kunst und Alltag in der Toskana.

TRADITIONELLES KUNSTHANDWERK UND KREATION

In Colle di Val d'Elsa wurde die sehr alte Tradition der Kristallherstellung durch behutsame Modernisierung in die Gegenwart geführt.

CIGNI BORENO

Vicolo delle Fontanelle
Tel.: 05 77/92 03 26

Der letzte Kunsthandwerksbetrieb, der in der Altstadt erhalten blieb.

In modernen Gebäuden unterhalb des historischen Stadtkerns sind große Werkstätten untergebracht, in denen man nach vorheriger Anmeldung bei der Kristallherstellung als Gast zuschauen kann:

ARNOLFO DI CAMBIO

Pian dell'Olmino
Tel.: 05 77/92 96 65
Vilca Fratelli Bandiera, 53
Località Gracciano
Tel.: 05 77/92 91 88

DIE TOSKANISCHE KÜSTE: VOM MONTE ARGENTARIO NACH PISA

Die toskanische Küste ist sehr abwechslungsreich: Felsreliefs stechen aus den weiten, einst unbewohnbaren Ebenen der Maremma heraus, und das steil ansteigende Hinterland zählt eine große Anzahl oft sehr schöner Dörfer und Städte. Im Bereich der Kunst stellen Volterra und Massa Marittima die wichtigsten Zentren dar.

Versäumen Sie nicht, weit in die abgelegenen Teile des Hinterlandes zu fahren: nach Larderello und zu den Colline Metallifere oder von Grosseto aus zu reizvollen mittelalterlichen Dörfern wie Roccalbegna und nach Pitigliano, Sorano und Sovana, den hübschen Orten um das alte Heilbad Saturnia. In Baratti-Populonia und Vetulonia sind die Spuren der Etrusker besonders eindrucksvoll.

Während Grosseto nicht sonderlich sehenswert ist, wird der Charme von Livorno und Pisa aus unterschiedlichen Gründen oft verkannt. In Pisa wird über der Berühmtheit des Schiefen Turmes der

Rest der Stadt völlig vergessen, während Livorno oftmals nur flüchtig von den Reisenden besichtigt wird, die sich nach Elba einschiffen wollen. Beide Städte sind jedoch lohnenswerte Ziele für einen ausgedehnten Ausflug.

Der Monte Argentario und Porto Ercole sind Treffpunkte der mondänen Gesellschaft; diese Gegend besticht durch die Schönheit des majestätischen Felsmassives, das sich über dem flachen Küstenstreifen erhebt. Die berühmten Kuhhirten der Maremma wirken beinahe kitschig in der herrlichen Küstenlandschaft, die zu weiten Teilen als Naturschutzgebiet ausgewiesen ist.

In der vielseitigen Gastronomie spielen selbstverständlich Fisch und Meeresfrüchte eine vorherrschende Rolle, und die schon im 19. Jahrhundert von dem Dichter Carducci beschriebene Region von Bolgheri produziert heute einen der edelsten Weine Italiens, den Sassicaia.

HOTELS

Campiglia Marittima

CASTELLO DI MAGONA

Via di Venturina, 27
Tel.: 05 65/85 12 35
Fax: 05 65/85 51 27
Eines der wenigen historischen Bauwerke der Maremma, die in ein Hotel umgewandelt wurden. In der ehemaligen Residenz des Großherzogs Leopold II. gelang es den Besitzern, die Atmosphäre eines herrschaftlichen Familiensitzes zu bewahren. Seine Nähe zum Meer sowie die wenig touristische Gegend machen dieses Hotel zu einer sehr empfehlenswerten Adresse.

Rigoli (San Giuliano Terme)

HOTEL VILLA DI CORLIANO

Via Statale, 50

Tel.: 05 08/1 81 93
Fax: 05 08/1 88 97

Die Spuren der Zeit ließen diese hübsche Villa aus dem 16. Jahrhundert nur noch schöner werden. Die etwas altmodische Ausstattung sowie die manchmal leicht reservierte Art des Besitzers können dem Charme nichts anhaben, sie machen sogar zu einem Teil die Atmosphäre aus. Auch der Park des Anwesens ist zauberhaft.

Volterra

VILLA NENCINI

Borgo San Stefano, 55
Tel.: 05 88/8 63 86
Fax: 05 88/8 06 01

Das direkt vor einem der Tore der mittelalterlichen Festungsmauer gelegene Hotel gibt den Blick auf die Schönheit der alten Etruskerstadt Volterra frei – auch wenn moderne Stadterweiterungen den Charme der Altstadt etwas mindern.

RESTAURANTS

Bolgheri

OSTERIA L'ANTICO BORGO

Piazza C. Ugo, 2–3
Tel.: 05 65/76 21 73

Das kleine Dorf Bolgheri, das an seiner am Meer liegenden Seite von einer Festung vor feindlichen Angriffen geschützt wurde, ist typisch für die nördliche Maremma. Der Dichter Giosuè Carducci verbrachte hier seine Jugend. Es gibt einige Restaurants im Dorf, aber die Osteria zeichnet sich besonders durch den freundlichen Service und die einfache authentische Küche aus. Hier kostete ich in Form einer *tagliata* zum ersten Mal das schmackhafte Fleisch der *chianina*, der Maremma-Rinder. Zum Essen werden gute Weine der Umgebung gereicht, auch einige erlesene Flaschen des benachbarten Gutes Antinori-Incisa stehen auf der Karte.

Castello di Populonia

IL LUCUMONE

Tel.: 05 65/2 94 71

Einst war das Dorf eine der mächtigsten Etruskerstädte. Im Herzen des Ortes mit einem schönen Meerblick wird man hier mit fangfrischem Fisch und Meeresfrüchten bewirtet.

Cecina

SCACCIAPENSIERI

Via Verdi, 22
Tel.: 05 86/68 09 00

Eines der besten Fischrestaurants der Region von Livorno. Aldo Buonazia bereitet seinen Gästen einen herzlichen Empfang. Wenn *cacciucco* auf der Karte steht, sollten Sie sich für diese berühmte Fischsuppe entscheiden. Diese Spezialität der Gegend ist nicht zu erhalten, wenn es an einer der verschiedenen Fischarten für die Zubereitung fehlt.

Grosseto

CANAPONE

Piazza Dante, 3
Tel.: 05 64/2 45 46

Unter den Arkaden des Hauptplatzes von Grosseto liegt das Restaurant mitten in der Fußgängerzone, die von der Stadtmauer der Medici umgrenzt wird. Fischgerichte und Spezialitäten der Maremma wie die *acquacotta*, ein besonderer Eintopf, machen das Lokal empfehlenswert.

Livorno

ANTICO MORO

Die Hafenstadt Livorno, die Touristen nur als Fährhafen kennen, verdient etwas mehr Aufmerksamkeit. Dieses Restaurant liegt am Rande der Fußgängerzone und ist eines meiner Favoriten. Abgesehen von dem ausgefallenen Dekor – darunter auch Bilder aus der Epoche der Macchiaioli – ist die landestypische Küche ein Gedicht, insbesondere natürlich der Fisch und

KOSTBARE TRÜFFELN

In der Toskana kann man sich die vielfältigsten Routen nach kulinarischen Gesichtspunkten zusammenstellen. Wer die Geheimnisse des kostbaren Olivenöls sowie der erlesenen Weine des Chiantigebietes kennen lernen möchte findet leicht den Weg zu den verschiedenen Weingütern und Ölmühlen. Hier möchte ich die im Vergleich zu den Weinstraßen eher unbekannte Reiseroute in die Regionen der weißen Trüffeln vorstellen.

Besonders an den Wochenenden Ende Oktober und im November, zu einer von Touristen wenig überlaufenen und oft eher trüben Jahreszeit, herrscht hier Hochbetrieb, und in vier geschichtsträchtigen Ortschaften ist in dieser Zeit Trüffelmarkt: Das wichtigste Zentrum ist Volterra, die Hauptstadt der weißen Trüffeln aus der Val di Cecina. Mehrere Tage lang finden in dieser ehemaligen Etruskerstadt die unterschiedlichsten Veranstaltungen rund um die edlen Trüffeln statt, wozu auch volkstümlicher Gesang und Dichterwettbewerbe gehören. Die Restaurants der Stadt lassen selbstverständlich der Fantasie freien Lauf, um ihre Gäste mit immer wieder neuen Kreationen rund um diese Köstlichkeit zu verwöhnen. Mit Sicherheit zeigt das sonst streng wirkende Volterra sich während dieser Tage von seiner heitersten Seite.

In San Miniato, genau zwischen Volterra, Pisa und Florenz gelegen, werden auf dem Marktplatz seit etwa dreißig Jahren ähnliche Festivitäten abgehalten.

Die Trüffeln der Gegend gelangten im Jahr 1954 zu großer Berühmtheit in den Vereinigten Staaten, als man Präsident Eisenhower als Andenken eine Trüffel mit dem Rekordgewicht von über zweieinhalb Kilo überreichte. Neben zahlreichen kulturellen Veranstaltungen zeigen die ansässigen Restaurants an mehreren Wochenenden im November ihre Kreativität, und der Duft frischer Trüffeln liegt über dem ganzen Ort. Das Dörfchen, in dem auf dem Marktplatz leider nur ein Turm von der einstigen Burg Friedrich II. erhalten ist, rühmt sich außerdem seines Doms sowie eines imposanten Klosters aus dem Jahre 1211, das der hl. Franziskus hier gründete.

Fährt man nach Nordosten Richtung Bologna weiter, erreicht man das Mugello mit dem Borgo San Lorenzo. Die kleine, sehr alte Stadt schmückt sich mit zahlreichen Dekors des Liberty-Stils der 1930er Jahre. Im Herbst ist die Waldregion wunderschön, und der Trüffelmarkt gibt die Gelegenheit, weitere typische Spezialitäten kennenzulernen. Außerdem werden Vorführungen organisiert, in denen abgerichtete Trüffelhunde ihr Können unter Beweis stellen.

Unsere letzte Station führt uns ins Herz der Crete Senesi, nach San Giovanni d'Asso, dessen imposantes Schloss seit gut fünfzehn Jahren ebenfalls die kostbaren Pilze gebührend feiert. Ein guter Anlass zu einem ausgedehnten Aufenthalt in dieser ursprünglichen Region mit ihren mittelalterlichen Dörfern.

die Meeresfrüchte. Ein Abendessen kann man mit einem unvergleichlichen Kaffeepunsch ausklingen lassen, der in der benachbarten Bar Civili bereitet wird.

LA BARCAROLA

Viale Carducci, 63
Tel.: 05 86/40 23 67
In einer Villa aus der Belle Époque befindet sich dieses erstklassige traditionelle Restaurant. Mein Tipp ist der Stockfisch: *baccalà alla livornese*.

Montopoli in Val d'Arno

QUATTRO GIGLI

Piazza San Michele, 1
Tel.: 05 71/46 68 78
In diesem kleinen Restaurant, ungefähr dreißig Kilometer von Pisa entfernt, lässt man unter anderem alte etruskische Rezepte wieder aufleben. Es werden regionale Zutaten wie die weißen Trüffeln von San Miniato verarbeitet.

Pisa

TRATTORIA SANT' OMOBONO

Piazza Sant' Omobono, 6
Tel.: 0 50/54 03 47
Typische Spezialitäten aus Pisa stehen in dem kleinen Restaurant in der Fußgängerzone auf der Karte, etwa die leckere *zuppa alla pisana*.

Volterra

DON BETA

Via G. Matteotti, 39
Tel.: 05 88/8 67 30
Kaninchen *alla Vernaccia* (ein Weißwein aus San Gimignano) und andere Köstlichkeiten der Gegend werden in diesem Restaurant zubereitet, das sich in einem alten Palazzo niedergelassen hat.

ETRURIA

Piazza dei Priori, 6–8
Tel./Fax: 05 88/8 60 64

In dem Lokal am schönsten Platz der Stadt werden aus Erzeugnissen der Region Gerichte zubereitet, die von der etruskischen Küche inspiriert sind.

IL VECCHIO MULINO

Località Saline di Volterra
Via del Mulino, 23
Tel.: 05 88/4 42 38
Auch wenn es außerhalb der Altstadt von Volterra liegt, sollte man das erstklassige Restaurant kennen lernen, in dem auch der anspruchsvollste Gast auf seine Kosten kommt. Mein Favorit ist die *tagliata di chianina* – allerdings nicht immer auf der Karte.

MUSEEN

Das **Museo San Matteo** in Pisa gibt einen guten Überblick über die Schule von Pisa, eine der bedeutendsten des Mittelalters. In Livorno zeugt die schöne **Villa Mimbelli** von dem eklektischen Geschmack einer kosmopolitischen Unternehmerfamilie des späten 19. Jahrhunderts. Ihr Museum ist Giovanni Fattori gewidmet, der in Livorno geboren wurde und eine zentrale Persönlichkeit der Macchiaioli war, der herausragendsten italienischen Malergruppe des 19. Jahrhunderts, zu der auch Telemaco Signorini und Silvestro Lega gehörten (Tel.: 05 86/80 48 47).

Zu einem Ausflug nach Volterra sollte immer auch ein Besuch der Museen der Stadt gehören. Das **Museo Etrusco Guarnacci** zeigt eine der bedeutendsten etruskischen Sammlungen in ganz Italien. Hier kann man einen guten Einblick in das Leben und die Kultur der Etrusker gewinnen. Die **Pinakothek** beherbergt das Meisterwerk der florentinischen Klassik: die *Kreuzabnahme* von Rosso Fiorentino aus dem Jahre 1521 (Tel.: 05 88/8 63 47). Die einzigartige Atmosphäre des prachtvollen **Palazzo Viti** (Tel.: 05 88/8 75 80) inspiriert jeden Besucher (siehe S. 162).

TRADITIONELLES KUNSTHANDWERK UND KREATION

Volterra ist seit der Antike die Stadt des Alabasters. Im Zuge der Industrialisierung entstand ein Markt mit leider eher mittelmäßigen Objekten. Doch die Kunsthandwerker im historischen Stadtkern fertigen weiterhin nach traditioneller Manier sehr hochwertige Artikel. Im Palazzo Viti stehen noch die Kandelaber, die für Kaiser Maximilian I. geschaffen wurden, doch dem unglücklichen Herrscher von Mexiko nie geliefert werden konnten. Sie verdeutlichen die Kunstfertigkeit der traditionellen Handwerksmeister (siehe S. 162).

LUCCA UND UMGEBUNG

Die noch immer wenig überlaufene Stadt wird den Besucher mit ihrem Charme und ihrer Lebhaftigkeit in den Bann schlagen. Lucca ist von sehr menschlicher Größe, und doch strahlt es noch den Stolz einer Stadt aus, die über Jahrhunderte hinweg unabhängig war. Die Piazza dell'Anfiteatro nahm die Form des einstigen römischen Theaters auf und ist einer der schönsten Plätze Italiens.

Alle Kirchen und Paläste sind sehenswert, doch besonders die Grabskulptur der Ilaria del Carretto im Dom verdient einen Besuch. Besonders reizvoll anzusehen ist auch das Jugendstildekor vieler Geschäfte der Via Fillungo in Lucca.

Lucca ist umgeben von Patriziervillen, deren herrliche Gartenanlagen alle zu besichtigen sind: die Villa Reale di Marlia, die Villa Mansi in Segromigno und die Villa Torrigiani in Camigliano. Die Küstenebene Versiglia lockt mit dem feinen Sand ihrer Strände,

während Carrara und Pietrasanta auch heute noch die Bastionen des Marmors sind. Das Hinterland, insbesondere die sich bis weit in den Nordwesten erstreckende Garfagnana, besticht durch seine ursprüngliche Natur – doch hier befinden wir uns eigentlich schon nicht mehr in der Toskana.

HOTELS

Lucca

In der Stadt selbst gibt es bis auf diese bemerkenswerte Ausnahme keine weiteren Hotels mit besonderem Charme:

HOTEL UNIVERSO

Piazza del Giglio, 1
Tel.: 05 83/49 36 78
Nur wenige Schritte vom Dom entfernt.

In der näheren Umgebung von Lucca, insbesondere in Massa Pisana, stößt man dagegen gleich auf mehrere reizvolle Hotels, darunter:

VILLA LA PRINCIPESSA

Tel.: 05 83/37 00 37
Fax: 05 83/37 90 19
Die prachtvolle Villa im Stil des ausgehenden 18. und des frühen 19. Jahrhunderts ist ein Sinnbild für die letzte Glanzzeit Luccas, unter der Herrschaft von Napoleons Schwester Elisa.

VILLA SAN MICHELE

Via della Chiesa, 462
Località San Michele in Escheto
Tel.: 05 83/37 02 76
Fax: 05 83/37 02 77
Eine schöne Villa aus dem 17. Jahrhundert, mit älterem Ursprung, umgeben von Wäldern und Olivenhainen (siehe S. 192, 195).

HAMBROS PARCO HOTEL

Via Pesciatina, 197

55010 – Lunata
Tel.: 05 83/93 53 55
Die Villa aus dem 19. Jahrhundert mit den gediegen eingerichteten Zimmern verfügt über einen hübschen Park.

Forte dei Marmi

HOTEL BYRON
Viale A. Morin, 46
Tel.: 05 84/78 70 52
Fax: 05 84/78 71 52
Das Hotel entstand durch die Zusammenlegung zweier aristokratischer Landhäuser um 1900. Man bemüht sich, das Ambiente jener Zeit und das reizvolle Dekor im Liberty-Stil zu erhalten.

Lido di Camaiore

HOTEL VILLA ARISTON
Viale Cristoforo Colombo, 355
Tel.: 05 84/61 06 33
Fax: 05 84/61 06 31
Gabriele d'Annunzio, Eleonora Duse, Giacomo Puccini und Marlene Dietrich residierten schon in dieser für die Epoche um 1900 charakteristischen Villa; der Park, nur einen Steinwurf vom Meer entfernt, ist herrlich.

Montecatini Terme

GRAND HOTEL E LA PACE
Viale della Torretta, 1
Tel.: 05 72/7 58 01
Fax: 05 72/7 84 51
Selbst wer Thermalbädern nicht sonderlich viel abgewinnen kann, wird dieses frisch renovierte Hotel aus dem Jahre 1870 beeindruckend finden, ebenso wie die wunderschön mit Marmor, Fresken und Mosaiken geschmückten Thermen.

Montignoso

IL BOTTACCIO
Via Bottaccio, 1
Tel.: 05 85/34 00 31
Fax: 05 85/34 01 03
In einer Ölmühle aus dem 18. Jahr-

hundert wurden dieses Hotel und das renommierte Restaurant eingerichtet.

Viareggio

HOTEL PLAZA E DE RUSSIE
Piazza d'Azeglio, 1
Tel.: 05 84/4 44 49
Fax: 05 84/4 40 31
Der nostalgische Name erinnert an die Goldenen Jahre des ausgehenden 19. Jahrhunderts. Dabei ist das 1871 erbaute Hotel eine Unterkunft von recht bescheidenen Dimensionen. Direkt am Meer gelegen, bieten manche Zimmer und die Terrasse einen herrlichen Ausblick. Der Service ist sehr freundlich.

RESTAURANTS

Lucca

BUCA DI SAN ANTONIO
Via della Cervia, 1–3
Tel.: 05 83/5 58 81
Fax: 05 83/31 21 99
Das erstklassige Restaurant in einem ehemaligen Palazzo hält den regionalen Traditionen die Treue und lockt mit besonderen Gaumenfreuden wie Stockfisch mit Kichererbsen und Zicklein vom Spieß. Der Weinkeller birgt außerordentliche Schätze.

ANTICO CAFFÈ DELLE MURA
Piazzale V. Emanuele, 2
Tel.: 05 83/4 79 62
Vom Garten aus kann man die begrünte Befestigungsanlage der Stadt bewundern. Auf der Karte stehen viele traditionelle Gerichte.

GLI ORTI DI VIA ELISA
Via Elisa, 17
Tel.: 05 83/49 12 41
Sympathisch und familiär ist die Stimmung in dem typischen Lokal mit dem hohen Qualitätsanspruch und den vernünftigen Preisen.

OLIVENÖL – EIN WAHRZEICHEN DER TOSKANA

Olivenöl wird überall in der Toskana hergestellt. Die uralten Kulturen sind so zäh, dass sie selbst nach schlimmen Frostperioden mit menschlicher Hilfe wieder zu neuem Leben erwachen.

Besondere Erwähnung verdienen die Erzeuger im hügeligen Zentrum der Toskana, die sich in dem Verband **Consorzio del Laudemio** zusammengeschlossen haben. Der Begriff *laudemio* bezeichnete einst den Teil der Erträge, den die Bauern dem Feudalherren zu überlassen hatten und ist heute das Gütesiegel für nach strengen Kriterien hergestelltes Öl mit einem schönen Grünton und einer leicht würzigen Note. Hier einige Erzeuger, die mir besonders ans Herz gelegt wurden. Das Öl zweier großer Familienbetriebe können Sie direkt in Florenz erhalten: In der Via S. Spirito 11 (Tel.: 0 55/21 87 51) finden Sie die Produkte der im Inneren der Toskana liegenden Ländereien der **Frescobaldi**. Die Erzeugnisse der **Antinori** werden in deren Palazzo an der Piazza degli Antinori (Tel.: 0 55/2 35 95) angeboten. Aber warum nicht direkt die Gutshöfe in der Umgebung aufsuchen?

Gleich im Osten von Florenz liegen in Pontassieve die **Fattoria Cerreto Libri** von Massimiliano

Baldini Libri (Via Aretina 90, Tel.: 0 55/8 36 80 10) und die **Tenuta di Bossi**, das Anwesen der Gondi (Via dello Stracchino 32, Tel.: 0 55/8 31 78 50). Noch etwas weiter südöstlich, in Reggello, stoßen Sie auf die **Tenuta I Bonsi** der Familie Budini Gattai (Tel.: 0 55/8 65 21 18). In Fiesole gehören den Miari Fulcis sowohl **La Fattoria di Maiano** (Via Benedetto di Maiano, Tel.: 0 55/59 70 89) als auch die herrliche Villa, in der man mehrere Szenen des Filmes *Zimmer mit Aussicht* drehte. Im Süden von Florenz sind die Öle der **Desideria Pasolini dell'Onda** in Barberino Val d'Elsa (Via Francesco di Barberino 5, Tel.: 0 55/8 07 50 19) einen Abstecher wert.

Im südwestlich von Florenz liegenden Tavarnuzze leitet die Familie Marchi die **Fattoria I Collazzi** (Via Colleramole 101, Tel.: 0 55/2 02 25 28) – inmitten der Olivenhaine erhebt sich eine reizende Villa aus dem 16. Jahrhundert. Um die Rundreise abzuschließen, wobei natürlich hier nur eine kleine, keineswegs umfassende Auswahl getroffen wurde, empfehle ich noch die Olivenöle der **Azienda Agricola I Mori** von Remo Giannelli in Ginestra Fiorentina (Via Maremmana 22, Tel.: 0 55/87 82 76).

Kulinarische Erlebnisse bietet auch das Umland von Lucca, besonders zu empfehlen sind:

LA MORA
Località Ponte a Maiano

Via Sesto di Moriano, 1748
Tel.: 05 83/40 64 02
In ländlicher Umgebung, nicht weit von der berühmten Villa Reale entfernt, liegt dieses sehr elegante und exquisite Restaurant mit angenehmem Service.

VIPORE

Località Pieve Santo Stefano
Via Pieve Santo Stefano, 4469
Tel.: 05 83/39 40 65
Für Auswärtige nur schwer zu finden, versteckt sich das Restaurant in den bewaldeten Hügeln hinter der Ebene von Lucca an der alten Straße nach Camaiore. Seit mich Ivan Theimer hierher entführte, gehört es zu meinen absoluten Lieblingslokalen. Tagsüber genießt man die fantastische Aussicht auf die Stadt, der Service ist sehr zuvorkommend, und die landestypischen Gerichte werden mit Kräutern aus dem Garten verfeinert.

Camaiore

EMILIO E BONA

Località Lombrici
Tel.: 05 84/98 92 89
Das äußerst beliebte Lokal wurde in einer malerischen Mühle eröffnet, in der es im Sommer angenehm kühl ist und die Gäste mit authentischer toskanischer Küche verwöhnt werden.

Pietrasanta

DA COPPO

Via Aurelia, 12
Tel.: 05 84/7 03 50
Ein unprätentiöses Lokal mit bodenständiger Küche, das insbesondere bei Liebhabern für seine im Ofen gebratenen Kutteln geschätzt wird.

DA SCI

Vicolo Porto a Lucca 3–7
Tel.: 05 84/79 09 83
Die bescheidene Trattoria wurde einst vor allem von Marmorarbeitern besucht. Vor ungefähr zwanzig Jahren konnte man noch ganz ursprünglich an dem großen Marmortisch in der Küche essen. Heute ist das leider nicht mehr möglich, denn zur Klientel gehören jetzt viele ausländische Künstler. Doch man wählt sein Essen nach wie vor direkt in der Küche aus.

OSTERIA ALLA GIUDEA

Antonio e Barbara
Via Barsanti, 4
Tel.: 05 84/7 15 14
Ganz in der Nähe des Hauptplatzes soll dort, wo sich heute dieses nette Restaurant befindet, einst eine Synagoge gestanden haben.

Viareggio

DA ROMANO

Via Mazzini 122
Tel.: 05 84/3 13 82
In dem beliebten Seebad hat die Eleganz ihren Preis. Aber die kreative und doch landestypische Küche – besonders die Fischgerichte sind fantastisch – wird selbst dem anspruchsvollsten Gast gerecht.

GUSMANO

Via Regia, 58
Tel.: 05 84/3 12 33
Ein weiteres Fischrestaurant der obersten Kategorie.

TRADITIONELLES KUNSTHANDWERK UND KREATION

Nur einige Adressen der unzähligen Ateliers der Region von Carrara und Pietrasanta:

DITTA FERDINANDO PALLA – DI PALLA CLAUDIO

Piazza Carducci, 25
55045 – Pietrasanta
Tel.: 05 84/7 15 28
Fax: 05 84/73 58 91
Eine der ältesten Bildhauerwerkstätten von Pietrasanta, die weiterhin von den Nachfahren des Gründers geleitet wird (siehe S. 167).

FRANCO CERVIETTI

Via S. Agostino, 53
55045 – Pietrasanta
Tel.: 05 84/79 04 54
Fax: 05 84/79 09 25

Wie ich mich selbst im Jahre 2000 überzeugen konnte, ist man hier in der Lage, sogar eine originalgroße Kopie von Michelangelos *David* anzufertigen.

CARLO NICOLI

Piazza 27 Aprile
54033 – Carrara
Tel.: 05 85/8 53 10
Das älteste erhaltene Atelier der Stadt.

AREZZO UND CORTONA

An der östlichsten Spitze der Toskana wechseln sich fruchtbare Ebenen wie um Arezzo und in der Val di Chiana mit immer rauer werdenden Hügelketten ab, in denen der Arno und der Tiber entspringen. Weit ab von den üblichen Touristenpfaden gilt es unter anderem, Schmuckstücke wie das mittelalterliche Städtchen Poppi oder die Abtei La Verna zu entdecken.

Eine Pilgerfahrt in Gedenken an Piero della Francesca führt von Arezzo nach Sansepolcro, seiner Geburtsstadt, und zu dem kleinen Dorf Monterchi, in dem seine wunderbare *Madonna del Parto* leider nur im Schulgebäude statt an ihrem angestammten Platz in der Kapelle zu bewundern ist – ein hoffentlich nur vorübergehender Zustand.

Das auf seinem felsigen Sockel thronende Cortona ist etruskischen Ursprungs und wurde durch den Bestseller von Frances Mayes bekannt. Cortona gilt als die Stadt in der Toskana, die sich ihren ureigenen Charakter besonders gut bewahren konnte.

HOTELS

Cortona

ALBERGO SAN MICHELE

Via Guelfa, 15

Tel.: 05 75/60 43 48
Fax: 05 75/63 01 47
Eine empfehlenswerte Adresse in einem Renaissance-Bau in der Innenstadt, die sich ihren Charme und Charakter bewahrte.

Montebenichi-Terme

CASTELLETTO DI MONTEBENICHI

Piazza Gorizia, 19
Tel.: 0 55/9 91 01 10
Fax: 0 55/9 91 01 13
Das Schloss in einem kleinen mittelalterlichen Dorf liegt ungefähr auf halber Strecke zwischen Arezzo und Siena. Die Besitzer statteten es mit Kunstwerken und wertvollem antiken Mobiliar aus, ganz in der Tradition der englischen Sammler, die in Florenz den Geist der Renaissance wieder aufleben lassen wollten. Durch die begrenzte Anzahl der Zimmer erinnert die Atmosphäre an die einer Familienresidenz.

San Martino a Bocena

RELAIS IL FALCONIERE

Tel.: 05 75/61 26 79
Fax: 05 75/61 29 27
Das Hotel in der ländlichen Umgebung von Cortona wurde erst kürzlich in dieser Villa aus dem 17. Jahrhundert eröffnet. Auch das Restaurant hat einen guten Ruf.

GASTHÄUSER

In der Umgebung von Sansepolcro empfehle ich die **Azienda Agricola La Conca** (Località Paradiso, Tel.: 05 75/73 33 01), in der Nähe von Arezzo die **Azienda Agricola Magnanini** (Via Fontebranda 47, Tel.: 05 75/2 76 27). Am Rande des Chianti bietet die **Villa La Selva** in Montebenichi (Tel.: 0 55/99 82 03, Fax: 0 55/99 81 81) schöne Quartiere, außerdem finden hier im Sommer verschiedene kulturelle Veranstaltungen statt.

RESTAURANTS

Arezzo

DA CECCO
Corso Italia, 215
Tel.: 05 75/2 09 86
Unter den traditionellen Spezialitäten sollte man auf jeden Fall die *ravioli della Sora Adele* kosten.

Cortona

DA TONINO
Piazza Garibaldi, 1
Tel.: 05 75/63 05 00
Das moderne Hotelrestaurant mit dem herrlichen Panorama befindet sich direkt an den alten Festungsmauern der Stadt. Die Ravioli mit Trüffeln und *pecorino* sind ein Traum.

Sansepolcro

DELL'OROSCOPO
Via Togliatti 66–68
Tel.: 05 75/73 48 75
Der Landgasthof in Pieve Vecchia vor den Toren der Stadt erfreut sich großer Beliebtheit. Ein Essen hier lässt sich gut mit einem Besuch des Stadtmuseums verbinden, in dem besonders der Maler Piero della Francesca verehrt wird. Der Weg von Arezzo nach Sansepolcro gehört zu den reizvollsten der Toskana.

MUSEEN

Die meisterhaften Fresken von Piero della Francesca in der Kirche **San Francesco** in Arezzo wurden von Bernard Berenson sogar mit dem Bilderfries des Parthenon auf der Akropolis von Athen verglichen. Darüber sollte aber die **Casa del Vasari** (Via XX Settembre, Tel.: 05 75/30 03 01), die vom Künstler selbst ausgeschmückt wurde, nicht vergessen werden. Auch eine Besichtigung des **Museo d'Arte Medievale e Moderna** lohnt sich (Via S. Lorentino, Tel.: 05 75/2 38 68), denn es beherbergt eine der bedeutendsten Majolika-Sammlungen Italiens.

In Cortona sollte man zumindest die *Verkündigung* von Fra Angelico im **Museo Diocesano** (Piazza Signorelli, Tel.: 05 75/63 04 15) gesehen haben. Mit etwas mehr Zeit sollte man auch das **Museo dell'Accademia Etrusca** (Tel.: 05 78/2 01 77) nicht versäumen, das sich keineswegs nur auf etruskische Kunst beschränkt – ein Saal ist Severini, einem Maler des 20. Jahrhunderts, gewidmet.

Und schließlich sind im **Museo Archeologico Nazionale** von Chiusi (Piazza del Duomo, Tel.: 05 75/6 28 30) einige sehr schöne etruskische Sarkophage ausgestellt.

TRADITIONELLES KUNSTHANDWERK UND KREATION

Arezzo ist berühmt für seine vielen Goldschmiede, um nur zwei zu nennen:

La Boîte d'Or (Piazza Risorgimento 4, Tel.: 05 75/2 22 57) und das **Artigiano** (Via XXV Aprile 22, Tel.: 05 75/35 12 78), in dem noch die seltene Technik des florentinischen Mosaiks gepflegt wird.

BIBLIOGRAFIE

Belletristik

Bassani, Giorgio: *Die Gärten der Finzi-Contini.* Piper, München 2000.

Bayer, Ingeborg: *Der brennende Salamander.* Droemer Knaur, München 2000.

Beevor, Kinta: *Der Garten im Himmel.* Wilhelm Heyne, München 2000.

Bilenchi, Romano: *Mein Vetter Andrea.* Wagenbach, Berlin 1999.

Boccaccio, Giovanni: *Das Dekameron.* Insel, Frankfurt/M. 1999.

Böckler, Michael: *Wer stirbt schon gerne in Italien?* Droemer Knaur, München 1999.

Bronnen, Barbara: *Meine Toskana.* Wilhelm Heyne, München 1997.

Cerrino, Mariangela: *Die Seherin der Etrusker.* Fischer TB, Frankfurt/M. 2000.

Comment, Bernhard: *Das Panorama, Die Geschichte einer vergessenen Kunst.* Nicolaische Verlagsbuchhandlg., Berlin 2000.

Crane, Teresa: *Ein Garten in der Toskana.* Econ u. List TB, München 1999.

Crane, Teresa: *Sommer in Siena.* Econ u. List TB, München 2000.

Dante Alighieri: *Die göttliche Komödie.* Insel, Frankfurt/M. 1974.

Dübell, Richard: *Eine Messe für die Medici.* Nymphenburger, München 2000.

Dumas, Alexandre: *Der Graf von Monte Christo,* Insel, Frankfurt/M. 1998.

Fernandez, Dominique: *Die Rache des Medici.* Piper, München 1998.

Filasto, Nino: *Der Irrtum des Dottore Gambassi.* Aufbau TB, Berlin 1999.

Filasto, Nino: *Alptraum mit Signora.* Aufbau TB, Berlin 1999.

Forster, Edward Morgan: *Zimmer mit Aussicht.* Goldmann, München 1998.

Fruttero, Carlo/Lucentini, Franco: *Der Palio der toten Reiter.* Piper, München 1996.

Goethe, Johann Wolfgang von: *Tagebuch der italienischen Reise 1786.* Insel, Frankfurt/M. o. J.

Goethe, Johann Wolfgang von: *Italienische Reise.* Insel, Frankfurt/M. o. J.

LaMure, Pierre: *Mona Lisa.* Ullstein TB, Berlin 1995.

Machiavelli, Niccolo: *Der Fürst.* Insel, Frankfurt/M. 1990.

Montaigne, Eyquem de: *Tagebuch einer Reise durch Italien.* Insel, Frankfurt/M. 1988.

Nabb, Magdalen: *Tod eines Engländers.* Diogenes, Zürich 1991.

Nolthenius, Helene: *O süße Hügel der Toskana.* Arche, Hamburg 1994.

Papendorf, Karla/Vorst, Claudia: *Blond.* Econ u. List TB, München 1998.

Petrarca, Francesco: *Dichtungen, Briefe, Schriften.* Insel, Frankfurt/M. o. J.

Ripley, Alexandra: *Morgenrot.* Hoffmann u. Campe, Hamburg 1993.

Rommel, Alberta: *Der heimliche König.* Stieglitz, Mühlacker 1990.

Sacchetti, Franco: *Toskanische Novellen.* Wagenbach, Berlin 1998.

Sherwood, John: *Todesblumen aus der Toskana.* Scherz, München 1999.

Stendhal: *Die Kartause von Parma.* Insel, Frankfurt/M. 1997.

Stendhal: *Reise in Italien.* Eugen Dietrichs, München 2000.

Tabucci, Antonio: *Kleine Mißverständnisse ohne Bedeutung.* dtv, München 1998.

Toskana. Hg. v. Günter Kunert. Ellert u. Richter, Hamburg 1999.

Toskana-Lesebuch/Fioretti della Toscana. dtv, München 1998.

Toskanische Märchen. Hg. u. übers. v. Herbert Boltz. Fischer TB, Frankfurt/M. 1999.

Kochbücher unc Weinführer

Ashley, Maureen: *Toskana. Hugh Johnsons Weinreisen*. Hallwag im Gräfe u. Unzer Vlg, München 2000.

Besser Trinken. Toskana. Einkaufsberater für Weine aus Italien. Di Vini, München 1996.

Brunelli, Gianni/Mann, Christoph M.: *Osteria Le Logge. Die Küche der Toscana*. Heinrich Hugendubel, München 1997.

Cacciatore, Monika/Reinirkens, Leonhard: *Toskana*. Haedecke Walter, Weil Der Stadt 1999.

Döbbelin, Hans Joachim: *Kulinarische Streifzüge durch die Toskana*. Sigloch Edition, Künzelsau 1987.

Dohm, Horst: *Flaschenpost aus der Toskana*. Keyser'sche Vlgs.Bhdlg., München 2000.

Dumler, Ellen/Dumler, Helmut: *Ristoranti in der Toskana*. Steiger Vlg. im Weltbild, München 1999.

Italiens kulinarische Landschaften. Toskana. Christian, München 1999.

Johnson, Hugh: *Die Toskana und ihre Weine*. Hallwag im Gräfe u. Unzer Vlg., München 2000.

Lewandowski, Norbert: *Die Weine der Toskana*. Wilhelm Heyne, München 2000.

Lucherini, Dania/Tempelmann, Yvonne: *La mia cucina della Toscana*. AT Vlg, Aarau 1997.

Maccioni, Alvaro: *La Cucina Toscana*. Christian, München 1999.

Medici, Lorenza de': *Toskana. Eine kulinarische Reise*. Christian, München 1999.

Meuth, Martina/Neuner-Duttenhofer, Bernd: *Die neue Toskana*. Droemer Knaur, München 2000.

Millon, Marc: *Clarke's Weinführer. Toskana*. Droemer Knaur, München 1998.

Peter, Peter: *Die besten Trattorien der Toskana*. Wilhelm Heyne, München 1999.

Priewe, Jens: *Weinreise Toscana*. Wilhelm Heyne, München 2001.

Thomases, Daniel: *Toskana. Die großen Weine der Welt*. Droemer Knaur, München 1999.

Veronelli, Luigi: *Veronelli. Restaurants und Weine in der Toskana*. Wilhelm Heyne, München 1999.

Vollenweider, Alice: *Die Küche der Toskana*. Wagenbach, Berlin 2000.

Zardo, Manuela/Zwecker, Hellmuth: *Trattorie del Chianti*. Heinrich Hugendubel, München 1996.

Zwecker, Hellmuth: *Il Cappellaio Pazzo. Die toskanische Fischküche*. Hugendubel, München 1995.

Kultur und Geschichte

Barolsky, Paul: *Giottos Vater*. Wagenbach, Berlin 1996.

Braunfels, Wolfgang: *Mittelalterliche Stadtbaukunst in der Toskana*. Gebr. Mann, Berlin 1982.

Cellini, Benvenuto: *Leben des Benvenuto Cellini*. C.H. Beck, München 1994.

Cleugh, James: *Die Medici*. Piper, München 1997.

Die Etrusker. Belser, Stuttgart 1995.

Die griechische Kunst/Die Etrusker – Kunst und Geschichte. Hirmer, München 1998.

Die Pracht der Medici. Hg. v. Acidini Christina Luchinat u. Mario Scalini, Prestel, München 1999.

Gebhardt, Volker: *Paolo Uccello, die Schlacht von San Romano*. Fischer TB, Frankfurt/M. 1994.

Grant, Michael: *Rätselhafte Etrusker*. Lübbe, Bergisch-Gladbach 1997.

Häußler, Heinz Georg: *Das Formgeheimnis Michelangelos*. Freies Geistesleben, Stuttgart 1998.

Heurgon, Jacques: *Die Etrusker*. Philipp Reclam Jun., Ditzingen 1993.

Lawrence, David Herbert: *Etruskische Orte*. Wagenbach, Berlin 1999.
Lorenzo der Prächtige und die Kultur im Florenz des 15. Jahrhunderts. Hg. v. Horst Heintze, Giuliano Staccioli u.

Barbara Hesse. Duncker & Humblot, Berlin 1995.

McCarthy, Mary: *Florenz*. Kiepenheuer & Witsch, Köln 1995.

Origo, Iris: *Toskanisches Tagebuch 1943/44. Kriegstage im Val d'Orcia*. C.H. Beck, München 1991.

Pfister, Paul D.: *Die Rotunde vom Montesiepi*. Vlg. im Waldgut, Frauenfeld 2000.

Poeschke, Joachim: *Die Skulptur der Renaissance in Italien, Michelangelo und seine Zeit*. Hirmer, München 1992.

Prayor, Friedhelm: *Die Etrusker*. C.H. Beck, München 1996.

Reinhardt, Volker: *Die Medici*. C.H. Beck, München 1998.

Vasari, Giorgio: *Das Leben von Leonardo da Vinci, Raffael von Urbino und Michelangelo Buonarroti*. Hg. v. Roland Kanz. Philipp Reclam Jun., Ditzingen 1996.

Vasari, Giorgio: *Lebensläufe der berühmtesten Maler, Bildhauer und Architekten*. Manesse, Stuttgart 1993.

Wohnen in der Toskana. Christian, München 1999.

Zeichnungen aus der Toskana. Hg. v. Ernst-Gerhard Güse u. Alexander Perrig, Prestel, München 1997.

Reiseführer

Architektur und Wohnen Spezial 4. Toskana. Gräfe u. Unzer, München 1998.

Bosi, Enrico: *Der Chianti der Schlösser*. Kore Edition, Freiburg 1997.

Brilli, Attilio: *Italiens Mitte*. Wagenbach, Berlin 1998.

Concini, Wolftraud de: *Toskana*. Ellert u. Richter, Hamburg 2000.

Dumler, Helmut: *Toskana. Wandern und Erleben*. Bruckmann, München 1999.

Eisele, Reinhard: *Toskana*. Bruckmann, München 1997.

Fischer, Heinz-Joachim: *Toskana*. Prestel, München 1996.

Florenz und Toskana. Vis A Vis/Mairs, Ostfildern (Kemnatt) 2000.

Hofstetter, Lucia Catalano: *Toskana mit Umbrien. Reiseführer Natur*. BLV, München 1999.

Kleine Hotels mit Charme. Toskana/ Umbrien. Wilhelm Heyne, München 2000.

Libero, Chiara: *Toskana*. Umschau/ Braus, Heidelberg 1995.

Merian Toskana. Gräfe u. Unzer, München 2000.

Toskana. Polyglott APA Guide. APA, München 1999.

Michelin Florenz und die Toskana. Michelin, Karlsruhe 2000.

Müller, Michael: *Toskana*. Michael Müller, Erlangen 2000.

Nenzel, Nana Claudia: *Toscana*. DuMont, Köln 2000.

Peterich, Eckart: *Italien, Oberitalien/ Toskana/Umbrien*. Prestel, München 1997.

Reisen in Europa. Toskana. Bucher, München 1995.

Roiter, Fulvio: *Florenz und die Toskana*. Schrol, München 1981.

Rotzetter, Anton/Bernet, Elisabeth: *Umbrien, Toskana, Latium*. Josef Knecht, Frankfurt/M. 1998.

Schmitt-Burk, Eberhard: *Toskana per Rad*. W. Kettler, Neuenhagen 1999.

Toskana. Stürtz, Würzburg 1996.

Toskana. Baedeker Allianz Reiseführer. Mairs, Ostfildern 2000.

Toskana. Merian classic. Gräfe u. Unzer, München 1999.

Wandern in der Toscana. DuMont, Köln 2000.

Toskana sehen und erleben. Hg. v. Andreas Braun, Südwest/Vlgshs Goethestr, München 1999.

Zimmermanns, Klaus: *Toscana. Kunst-Reiseführer*. DuMont, Köln 2000.

REGISTER